In die Herzen ein Feuer

Dalai Lama

In die Herzen ein Feuer

Aufbruch zu einem tieferen Verständnis
von Geist, Mensch und Natur

O. W. Barth Verlag

Die Originalausgabe erschien unter dem Titel
«Au-delà des dogmes» bei Editions Albin Michel, Paris.
Einzig berechtigte Übersetzung aus dem Französischen
von Padmakara-Übersetzungen (Sabine von Minden und Gerard Godet).

Dieses Buch beruht auf den Vorträgen und Gesprächen des Dalai Lama
während seiner Frankreichreise im Herbst 1993.

Inhalt

I
Blick auf das ausgehende 20. Jahrhundert

GEDANKEN ÜBER DIE HEUTIGE GESELLSCHAFT UND DIE ZUKUNFT DER WELT

Ich maße mir nicht an, denjenigen, die in Schwierigkeiten sind, sagen zu können, wie sich ihre psychischen oder physischen Leiden rasch beseitigen lassen. Auch mein Geist ist manchmal verstört und konfus, auch ich muß manchmal innere Konflikte überwinden. Dennoch glaube ich, daß es von Nutzen sein kann, unsere verschiedenen Standpunkte und unsere ganz andersartigen persönlichen Erfahrungen auszutauschen.

Ich betone immer wieder die Bedeutung von Glück und Zufriedenheit, die, wie ich glaube, als die eigentlichen Zielvorstellungen der menschlichen Existenz zugrunde liegen. Wer also die Anstrengungen und Schwierigkeiten eines spirituellen Weges auf sich nimmt, tut dies nicht, um sich zu quälen, sondern vielmehr im Hinblick auf die Verwirklichung eines beständigen und langfristigen Glücks, und um dieses große Ziel zu erreichen, wird man vielleicht sein kurzfristiges Wohlergehen etwas hintanstellen.

Ich glaube, daß die Art und Weise unseres Denkens, unsere innere Einstellung, eine wichtige Rolle dabei spielt, ob wir Glück und Zufriedenheit erlangen. Durch Überlegen und Analysieren kann man zu einer klaren, genaueren Denkweise gelangen. Je entspannter und aufnahmebereiter unser Geist ist, desto einfacher wird es, die

Dinge richtig zu sehen. Dies hat einen zweifachen Vorteil: Zum einem hilft uns ein offener Geist, Gelassenheit zu bewahren und uns wohl zu fühlen, und zum anderen fällt es leichter, schwierige Probleme zu lösen, wenn unsere Sichtweise umfassend ist.

Als menschliche Wesen, die zusammen mit unzähligen anderen Wesen auf dieser Erde leben, ist unser eigenes Wohlergehen aufs engste mit dem der anderen verknüpft. Persönliches Glück, losgelöst vom Glück der anderen, ist undenkbar. Wenn wir unser eigenes Glück wollen, muß uns das Wohl der gesamten Menschheit am Herzen liegen. Aus diesem Grund betone ich in all meinen Vorträgen und Diskussionen, wie wichtig es für die Gestaltung der Zukunft ist, einen Sinn für unsere universelle Verantwortung zu entwickeln. In den Gebeten unserer Religionen ist viel vom «Wohl aller Wesen» oder vom «Glück der Menschheit» die Rede. Wenn ich von universeller Verantwortung spreche, meine ich damit jedoch nicht nur ein religiöses Ideal, sondern vielmehr ein entsprechendes *Handeln*, eine Art von aktiver Teilnahme an dieser Realität.

Ganz zweifellos haben in den letzten Jahrzehnten weltweit grundlegende Veränderungen stattgefunden, vor allem auch, was die Kommunikation zwischen den Völkern angeht. Nehmen wir zum Beispiel Tibet und die Himalajaregion. Wir lebten hoch in den Bergen, und es fiel uns nicht schwer, uns abzukapseln. Heutzutage wäre das, selbst wenn wir es wollten, so nicht länger möglich. Ein Land oder ein Kontinent, in völliger Autarkie lebend, ist heute nicht mehr vorstellbar. Es bestehen wirtschaftliche Abhängigkeiten, dem Austausch von Wissen und Informationen sind kaum noch Grenzen gesetzt, und die Kommunikation rund um den Erdball ist eine Sache von

Augenblicken. In meiner Jugend schienen mir Indien und China ungeheuer weit entfernt, weil man Monate brauchte, um dorthin zu reisen. Heute ist es nur eine Frage von Stunden, sich von Indien nach Europa, von Europa nach Amerika zu begeben. Die Welt ist kleiner geworden, es gibt keinen Teil, der nicht abhängig wäre von anderen Teilen. Daraus ergibt sich für die Umwelt, daß keine Nation, so mächtig sie auch sein mag, Probleme wie zum Beispiel die zunehmende Zerstörung der Ozonschicht allein lösen kann.

Doch unser Bewußtsein hat mit dieser neuen Realität nicht Schritt gehalten, es trägt dieser Abhängigkeit nicht Rechnung. Sind die Grenzen zwischen den Ländern etwa vom Weltraum aus zu sehen? Wenn wir in Ruhe über die wechselseitige Abhängigkeit aller Phänomene auf dieser Erde nachdenken, verlieren unsere kleinen, regional begrenzten Probleme an Gewicht, und wir sehen die Dinge ganz selbstverständlich auf globale Weise, im Sinne der ganzen Menschheit. Die Vorstellung «*ich* und die *anderen*», «*mein* und *dein*», tritt dann in den Hintergrund, und ein tiefes Gefühl der Verantwortung für das Gemeinwohl erwacht spontan in uns. Übrigens fühlen wir uns um so ausgeglichener und zufriedener in unserem Privatleben, je mehr wir Anteil nehmen an der Welt und ihren Problemen. In dem Maß, in dem wir uns um andere kümmern und uns an ihrem Wohl gelegen ist, sind wir immer weniger versucht, Gefühle wie Eifersucht, Hochmut und Feindseligkeit zu entwickeln. Diese drei negativen Emotionen – zusammen mit einer Tendenz des Rivalisierens – sind es nämlich, die uns Tag für Tag aufs neue unglücklich machen. Wenn wir uns jedoch um das Wohl des Ganzen sorgen, erlangen wir auf ganz natürliche Weise inneren Frieden.

Vor kurzem noch war die Welt geteilt in einen westlichen und einen östlichen Machtblock. Diese Teilung war weniger wirtschaftlich begründet als politisch und ideologisch. Solange die jeweiligen nuklearen Waffensysteme gegeneinander gerichtet waren, hatte man gezwungenermaßen eine Sicht der Welt, die auf dieser Realität basierte, in der die Vorstellung «*ich* und die *anderen*» vorherrschte, und um das bestehende Kräfteverhältnis zu verteidigen, waren beide Seiten bereit, das Risiko eines nuklearen Holocaust einzugehen. Diese Zeiten sind wohl vorbei, und wir streben eine neue Weltordnung an. Als ich vor einigen Jahren den damaligen amerikanischen Präsidenten Bush traf, sagte ich zu ihm, diese neue Weltordnung könne etwas Großartiges werden – allerdings nur, wenn das *Mitgefühl* ein zentraler Wert dieser Ordnung wäre, sonst würde ich ihr Gelingen bezweifeln. Ich glaube, daß wir an einem sehr günstigen und wichtigen Augenblick unserer Weltgeschichte angelangt sind. Wir haben nun die Gelegenheit, alle zusammen für das Wohl der Menschheit zu arbeiten.

Wenn man sich über die universelle Verantwortlichkeit Gedanken macht, und zwar auf lange Sicht, erhält die Geburtenkontrolle einen entscheidenden Stellenwert. Vom buddhistischen Standpunkt aus ist zwar jede menschliche Existenz überaus wertvoll, aber angesichts des explosionsartigen Anwachsens der Weltbevölkerung, welches das Überleben der Menschheit als solcher gefährden könnte, muß eine Art «Güterabwägung» stattfinden. Ich betone aber, daß jede Geburtenkontrolle auf gewaltfreie Weise geschehen muß.

Im Zuge der weltweiten politischen Veränderungen hat man mit der atomaren Abrüstung begonnen, was eine wunderbare Sache ist. Darüber hinaus müßte allmählich das gesamte Waffenpotential abgebaut werden, also auch die konventionellen und chemischen Tötungswerkzeuge. Es stimmt, daß das Einstellen der Rüstungsproduktion tiefgreifendes Umdenken auf ökonomischem und industriellem Gebiet erfordert. Es ist jedoch des Menschen unwürdig, angesichts dieser Schwierigkeiten den Mut sinken zu lassen, anstatt nach einer Lösung der Probleme zu suchen.

Die verschiedenen religiösen Traditionen sind ein wichtiges Element in unserem Leben, und ich halte den religiösen Pluralismus geradezu für eine Notwendigkeit. Gewiß, in ihrer Metaphysik vertreten die einzelnen Glaubensgemeinschaften unterschiedliche Standpunkte, doch die Botschaft zumindest der verbreitetsten Religionen ist im Kern die gleiche. Woraus man schließen kann, daß die förderlichen Bedingungen für ein harmonisches Zusammenleben und Zusammenarbeiten vorhanden sind.

Die Zeiten des kalten Krieges sind vorbei, und die ideologische Gegnerschaft zwischen Ost und West existiert nicht mehr. Was bleibt, ist das wirtschaftliche Entwicklungsgefälle zwischen Nord und Süd. Dieses Ungleichgewicht zwischen den Ländern der nördlichen und südlichen Hemisphäre birgt für die Industrienationen einige Probleme. Nicht nur, daß der unterschiedliche Lebensstandard, moralisch gesehen, eigentlich inakzeptabel ist, er ist auch die Ursache für die Immigration von Menschen aus Afrika, dem Mittleren Orient und dem Fernen Osten in Länder wie Deutschland oder Frankreich. Die Einreise in eines der reichen Länder zu verweigern oder Zufluchtsuchende auszuweisen ist eine unangenehme Position, die darüber hinaus, langfristig gesehen, das Problem nicht löst. Besser wäre die Schaffung von Arbeitsplätzen vor Ort in den Entwicklungsländern, damit sich der einheimischen Bevölkerung die Frage «Bleiben oder Arbeitsuchen im Ausland?» gar nicht mehr stellt.

Die ehemals kommunistischen Länder haben im Augenblick noch mit gewaltigen Schwierigkeiten zu kämpfen, ich glaube jedoch, daß sie mehr Potential als viele andere haben, auf ökonomischer Ebene damit fertig zu werden. Das gleiche gilt für China und Indien. Am ernstesten siehe es in Afrika aus. Ich habe vor kurzem eine Reise nach Gabun gemacht und auch die Gegend besucht, wo Albert Schweitzer gelebt und gewirkt hat. Dieser großartige Mensch hat unglaublichen Mut bewiesen, um den Kranken und Notleidenden dort zu helfen. Es liegt jedoch an den Völkern dieser Länder selbst, das Ungleichgewicht zwischen Nord und Süd zu beseitigen. Die reichen Länder können zwar Hilfestellung geben, aber die einheimische Bevölkerung muß sich auch selbst anstrengen und die Verantwortung für das eigene Schicksal übernehmen.

Was die internationalen Beziehungen angeht, sage ich meinen Freunden oft: Ihr lebt in demokratisch regierten Ländern und haltet die Demokratie für eine ganz wesentliche und unverzichtbare politische Errungenschaft – was sie auch ist. Doch obwohl Ihr ihr die allergrößte Bedeutung beimeßt, handelt Ihr im Rahmen Eurer außenpolitischen Beziehungen leider nur sehr selten entsprechend. Politikwissenschaftler sind der Meinung, daß heute zwischen inneren und äußeren Angelegenheiten eines Landes keine Trennungslinie mehr gezogen werden könne, daß wir inzwischen alle Mitglieder ein und derselben Familie geworden seien und man die Angelegenheiten der gesamten Welt als innere Angelegenheiten betrachten müsse. Diese Auffassung scheint mir sehr weitsichtig und nobel zu sein. Eine solche Gesinnung würde unsere Aufgabe –

die darin besteht, die existierenden Schwierigkeiten zu beheben – sehr erleichtern.

Hilfsleistungen für die dritte Welt werden stets mit allen möglichen Auflagen und Einschränkungen verbunden, da die Geberländer in erster Linie ihre nationalen Interessen gewahrt wissen wollen. Kein Wunder, daß die «Hilfe» dann oft nur die Ursache neuer Probleme ist und die Kluft zwischen Arm und Reich nur noch größer wird. Von dieser zu engen Sichtweise müssen wir uns befreien. Dazu bedarf es eines politischen Willens, der sich, um zum Erfolg zu führen, auf festgegründete ethische Prinzipien und eine humanitäre Gesinnung stützen muß, das heißt auf den Wunsch, allen Völkern zu einem wirklichen Wohlergehen zu verhelfen und ihre Leiden zu lindern.

Ich glaube, daß diese Verbindung von ethischen Grundsätzen und politischem Willen sehr effektiv sein könnte. Politiker fallen ja nicht vom Himmel, sondern gehen aus der gleichen Gesellschaft hervor wie wir alle. Wenn bestimmte moralische Wertvorstellungen von der gesamten Bevölkerung respektiert werden, erkennen auch die Politiker ganz selbstverständlich diese Werte an, weil sie ja ebenfalls davon geprägt sind. Wenn dagegen die Gesellschaft als ganze krank ist und ihre Mitglieder sich im Privatleben nach keinerlei ethischen Grundsätzen richten, ist es nur heuchlerisch, in diesem Punkt Kritik an den Politikern zu üben.

Moralische Prinzipien werden oft als an eine religiöse Einstellung gebunden betrachtet. Folgt man dieser Logik, so beachten jene, die einer Glaubensgemeinschaft angehören, ethische Richtlinien, während jene, die sich keiner Religion zugehörig fühlen, sie für unnütz und unwichtig halten. Ich glaube, es ist ein großer Irrtum anzunehmen, Moral und Ethik seien nur eine Sache der Religion. Es lassen sich vielmehr zwei verschiedene Formen der Spiritualität denken: eine religionsbegründete und eine, die ganz spontan im Menschen entsteht und sich einfach als Nächstenliebe und als Wunsch, anderen Gutes zu tun, ausdrückt. Dies ist ebenfalls Spiritualität! Eine Religion auszuüben ist zwar etwas Positives, es steht aber schließlich jedem frei, auch ohne Religion zu leben. Wem jedoch diese Spiritualität, diese grundlegende menschliche Qualität fehlt, der ist selbst unglücklich und wird möglicherweise für die Gesellschaft zur Belastung.

Wie kann man diese fundamentale Qualität definieren? Ich behaupte, daß sie in der Wärme und Zuneigung besteht, die in der Tiefe eines jeden menschlichen Herzens zu finden sind. Schauen Sie sich doch an, wie eine Mutter ihr Kind stillt – die spontane Zärtlichkeit ist unübersehbar! Und das Kind fühlt sich ebenso natürlicherweise angezogen von der mütterlichen Brust, von der Liebe und Geborgenheit, die damit verbunden sind.

Gleich zu Beginn unserer Existenz zeigen sich also die Liebe und Wärme, die der menschlichen Natur zugrunde liegen. Diese Liebe ist uns nicht durch eine Religion vermittelt worden, wurde uns nicht per Gesetz diktiert oder in der Schule gelehrt. Sie ist vielmehr seit unserer Geburt zusammen mit unserem Körper existent als ein allen Wesen eigener Charakterzug. Aus diesem Grund bin ich auch davon überzeugt, daß die Natur des Menschen im Kern gut und mitfühlend ist. Es ist wichtig, diese fundamentale Qualität, die schon am ersten Tag unseres Lebens als eine Form der Liebe zum Nächsten vorhanden ist, während unseres Erdendaseins weiterzuentwickeln. Wenn es uns gelingt, unser Verhalten mit unserem warmen und liebevollen Wesenskern in Einklang zu bringen, wird dies sowohl uns als auch der Gesellschaft, deren Teil wir sind, unerhört viel Gutes bringen. Ich pflege dieser

16

Liebe, dieser Zuneigung und Hilfsbereitschaft im allgemeinen den Namen «Universalreligion» zu geben. Jeder braucht sie, Gläubige wie Nichtgläubige. Sie bildet die eigentliche Grundlage für alle Ethik.

Sollten Sie dem zustimmen, was ich über diese altruistische Liebe gesagt habe, dann versuchen Sie, sich ganz von ihr durchdringen zu lassen. Sind Sie jedoch anderer Meinung ... nun gut, ärgern Sie sich über meine Worte, jeder ist frei in seiner Entscheidung für oder gegen etwas.

FRAGEN

Die neuesten Entwicklungen in Medizin, Biologie und Genforschung machen es möglich, daß der Mensch in Zukunft Zahl und Erbanlagen seiner Nachkommen selbst bestimmen kann. Tierische und möglicherweise auch menschliche Embryonen werden eigens für Versuche in dieser Richtung herangezogen. Was nun diese Experimente betrifft: Ab wann besitzt das befruchtete Versuchsobjekt spirituelles Leben?

Im Buddhismus wird angenommen, daß das Bewußtsein im Augenblick der Empfängnis in die befruchtete Eizelle eindringt, folglich ist auch der Embryo bereits ein vollwertiges Lebewesen. Deshalb sind wir der Ansicht, daß Abtreibung bedeutet, ein Lebewesen zu töten, also ein Unrecht ist. Dies meinte ich, als ich von der Notwendigkeit einer gewaltfreien Geburtenkontrolle sprach. Es sind jedoch Situationen denkbar, besondere Härtefälle – zum Beispiel, wenn das Leben der Mutter in Gefahr ist –, in denen das Für und Wider sorgfältig erwogen werden muß und die Entscheidung gegen das Kind getroffen werden kann.

Handelt der Mensch mit der Genmanipulation und den damit verbundenen Möglichkeiten, verändernd in die Erbanlagen des Menschen einzugreifen, gegen den Willen Gottes?

Genmanipulation könnte vielleicht annehmbar sein, wenn es darum geht, den Menschen von angeborenen körperlichen Gebrechen zu befreien oder bestimmte organische Funktionen – zum Beispiel des Gehirns – zu verbessern. Der Buddhismus kennt die Vorstellung eines Schöpfergottes nicht. Wir sehen diese Frage unter einem anderen Blickwinkel, dem des Karma, das heißt des Verhaltens in möglicherweise weit zurück liegenden Existenzen und den Folgen, die es nach sich zieht. Wenn an einem Wesen heute eine solche Genmanipulation vorgenommen werden würde, wäre dies das Resultat seiner Taten in der Vergangenheit. Haben wir diese Verkettung von Ursache und Wirkung einmal akzeptiert, müssen wir uns vor allem mit der Frage beschäftigen, worin der – zum Beispiel therapeutische – Segen oder der Fluch dieser Manipulationen bestehen könnte.

Dann ergibt sich ein weiterer kritischer Punkt. Um zu wissen, ob eine Sache für die Menschheit von Nutzen sein könnte, müssen vorher Versuchsreihen durchgeführt werden. Wenn wir uns darauf einlassen, experimentieren wir mit menschlichem Leben. Ein komplexes, schwer zu lösendes Problem, zu dem auch das Thema Tierversuche gehört, die für einen Buddhisten ebenfalls kaum zu akzeptieren sind.

Die Genforschung hat zum Ziel, Krankheiten auszurotten und menschliches Leiden zu verringern. Sie betrachten Leiden als unauflösbaren Bestandteil des Daseins – können wir überhaupt erwarten, durch menschliche Anstrengung dieses Leiden zu beseitigen?

Schwer zu sagen. Ich möchte Ihnen jedoch eine Gegenfrage stellen: Glauben Sie, daß der Mensch mit Hilfe von Genmanipulation Unsterblichkeit erlangen könnte? Ich denke, das dürfte schwierig sein. Ich frage mich auch, ob dies überhaupt wünschenswert wäre. Man müßte dann, nach Ablauf einer gewissen Zeit, jede Neugeburt verhindern – denn wohin mit all den Menschen? Wenn wir jedoch sowohl dem Sterben als auch dem Geborenwerden ein Ende setzen könnten, würde wieder ein Gleichgewicht hergestellt sein.

Die monotheistischen Religionen sehen im Leiden oft einen Weg zum Heil; wie denkt man im Buddhismus darüber?

Ich glaube, die buddhistische Position ist ähnlich. Dadurch, daß wir das Leiden, dem die Wesen ausgesetzt sind, bemerken und darüber nachdenken, entsteht der Wunsch in uns, es zu überwinden, uns von ihm zu befreien.

Ich möchte Ihnen eine Frage zu den chinesisch-tibetischen Beziehungen stellen. Sie scheinen darauf zu vertrauen, daß der Westen Druck auf China ausüben wird. Glauben Sie wirklich, daß die westliche Welt einen Verbrauchermarkt von über einer Milliarde Menschen für ein paar Millionen Tibeter aufs Spiel setzt? Wäre es auf lange Sicht nicht wirksamer, Ihren spirituellen Einfluß in China selbst geltend zu machen, als in Opposition zu China zu verharren? Glauben Sie, daß die wirtschaftliche Entwicklung Chinas dem Überleben seines politischen Systems abträglich ist? Glauben Sie, daß die Werte der Tibeter einem durch die Chinesen gebrachten wirtschaftlichen Fortschritt standhalten werden? Ist der ökonomische Fortschritt der Chinesen nicht eine der Hauptgefahren für Tibet?

Wir versuchen seit vierzehn Jahren, mit China ernsthaft über die tibetische Frage zu verhandeln. Doch auch nach einem Maximum an Zugeständnissen unsererseits ohne Resultat. Ein von der internationalen Gemeinschaft ausgeübter Druck auf China ist also unerläßlich. Wir wissen aus Erfahrung, daß unsere eigenen Anstrengungen zu keinen konkreten Ergebnissen führen, deshalb ist dieser internationale Druck so wichtig. Was nicht heißen soll, daß wir uns nur auf die anderen verlassen.

Der Grund dafür, daß wir trotz der vielen Kritik, die uns das einträgt, einem Weg der Gewaltlosigkeit folgen, ist, daß eine Lösung letztendlich von den Chinesen und den Tibetern selbst gefunden werden muß. Sie muß von beiden Ländern in direktem Kontakt ausgehandelt werden. Wesentlich hierfür ist die Unterstützung von seiten des chinesischen Volkes, besonders der chinesischen Intellektuellen. Deshalb haben wir von Anfang an, allen Schwierigkeiten zum Trotz, die Position der Gewaltlosigkeit eingenommen. Inzwischen bezeugen mehr und mehr Chinesen, sowohl innerhalb wie außerhalb Chinas, ihre Sympathie und ihr Interesse für unsere Sache. Einige haben uns sogar ihren Dank dafür ausgesprochen, diesen Weg eingeschlagen zu haben. Im übrigen ist die Wahl des Verhandlungswegs zur Lösung von Problemen für mich ein Akt spiritueller Natur.

Obwohl man seit Jahren, dank einer Liberalisierung der chinesischen Wirtschaft, eine bemerkenswerte ökonomische Entwicklung feststellen kann, gibt es auf politischem Gebiet nicht die geringste Verbesserung in China. Ich halte es aber für durchaus denkbar, daß im Laufe der Zeit die ökonomische Liberalisierung zu einer politischen Liberalisierung führen könnte.

So wie die Situation sich heute darstellt, setzt die chinesische Gesellschaft sich aus drei Gruppierungen zusammen: den Führern und treuen Anhängern der kommunistischen Partei, den Intellektuellen und Studenten und schließlich der Masse der Bevölkerung. Wenn man einmal analysiert, welche Interessen für jede Gruppe im Vordergrund stehen, ergibt sich folgendes Bild: Die Führer der kommunistischen Partei wollen um jeden Preis an der Macht bleiben und zögern nicht, jedes Mittel dafür einzusetzen. Die Tiananmen-Ereignisse haben klar gezeigt, wozu sie fähig sind. Die zweite Gruppe ist die bewegende Kraft, die am Ende die Demokratie in diesem Land einführen wird. Was die Masse der Bevölkerung angeht, so ist sie hauptsächlich mit den alltäglichen Sorgen beschäftigt, damit, sich Nahrung, Unterkunft, ein Fahrrad, vielleicht auch ein Motorrad oder sogar eine Waschmaschine zu beschaffen! Ich glaube nicht, daß sie sich sehr für einen Demokratisierungsprozeß in ihrem Land interessiert.

Der wirtschaftliche Fortschritt hat bei der ersten und dritten Gruppe Vertrauen gebildet, und letztere wird sich vielleicht damit zufriedengeben. Die zweite Gruppierung jedoch ist isoliert, benachteiligt und in Gefahr, in Mutlosigkeit zu versinken. Sollte dies tatsächlich eintreten, wäre das ein Unglück nicht nur für die Chinesen, sondern für den gesamten Planeten. Schauen Sie sich China doch an: Es ist das bevölkerungsreichste Land der Erde. Es lebt unter einem kommunistischen Regime, für das Abrüstung kein Thema ist. Sollte sich die wirtschaftliche Entwicklung unter diesen Bedingungen weiter fortsetzen, wird dies, meiner Meinung nach, schwerwiegende Konsequenzen für die angrenzenden Länder – wie Tibet – haben, aber auch für ein so großes Land wie Indien und für die übrige Welt.

Um auf den zweiten Teil Ihrer Frage einzugehen: Ich glaube nicht, daß die Entwicklung der Wirtschaft notwendigerweise die tibetische Kultur und Spiritualität bedrohen muß, wenn sie so geschieht, daß die Besonderheiten des Landes geachtet werden. Die wirtschaftliche Entwicklung kann Hand in Hand gehen mit der kulturellen Entwicklung. Zu dem Glück, von dem im Buddhismus gesprochen wird, gehört auch das materielle Wohl.

Was den wirtschaftlichen Fortschritt in China angeht, so erwächst für uns daraus das ernste Problem der Umsiedlung einer großen Zahl von Chinesen nach Tibet. In dieser massiven chinesischen Einwanderung liegt die größte Bedrohung für Tibet. Überall im Land schafft dieser Zustrom chinesischer Siedler Spannungen, die immer wieder zu Verletzungen der Menschenrechte führen. Darüber hinaus ist er verantwortlich für die ständige Verschlechterung der Umweltbedingungen. Ob absichtlich oder nicht: In Tibet findet zur Zeit eine Art kultureller Genozid statt – und das läßt die Zukunftsperspektiven dieses Landes so düster erscheinen.

Sie haben kürzlich in einem Interview gesagt, daß Sie sich immer noch als Marxist fühlen. Was genau meinen Sie damit? Da Sie vorhaben, die politische Macht in einem autonomen Tibet abzugeben: Welche Art von Demokratie kommt Ihrer Meinung nach der buddhistischen Sicht der Dinge am nächsten? Gibt es nicht einen gewissen Widerspruch zwischen den demokratischen Regeln und dieser Sicht?

Auf dem Gebiet der Ethik finde ich gewisse Aspekte des Marxismus durchaus beherzigenswert, besonders was die gerechte Verteilung materieller Güter angeht und die Verteidigung der Besitzlosen gegen eine sie ausbeutende Minderheit. Man könnte sagen, daß von den verschiedenen Wirtschaftssystemen das marxistische dem Buddhismus, vor allem dem Mahayana-Buddhismus, am nächsten steht. Bei der Umsetzung dieser an sich sehr noblen Prinzipien wurden jedoch zu viele Fehler gemacht und die Energie verbraucht im gewaltsamen Kampf gegen die herrschende Klasse. Und warum das alles? Wegen der völligen Abwesenheit des Mitgefühls von Anbeginn.

Was das zukünftige Tibet angeht, so ist bereits entschieden, daß es eine Demokratie sein soll. Ich glaube nicht, daß zwischen Demokratie und Buddhismus ein Widerspruch besteht. Ich behaupte sogar, daß der Mahayana-Buddhismus die Religion der Demokratie ist. Ein Beispiel dafür: Wenn sich eine Gruppe von vier Mönchen zusammenfindet, betrachten wir das als eine klösterliche Gemeinschaft (Sanskrit: *sangha*), und alle wichtigen Entscheidungen werden dann nicht allein vom Abt getroffen, sondern von der Gruppe gemeinsam erarbeitet.

Welche Art von Beziehung zwischen den Industrienationen und der dritten Welt schwebt Ihnen vor?

Ich habe diese Frage schon gestreift, als ich sagte, daß die Kluft zwischen Nord und Süd überbrückt werden muß. Zuallererst muß jedoch in diesen Ländern selbst der Abstand zwischen der Elite und der Masse der Bevölkerung überwunden werden. Wie ich vorhin schon sagte, müssen sich vor allem die Entwicklungsländer selbst um Fortschritte bemühen. Daran führt kein Weg vorbei. Die bittend ausgestreckte Hand ist keine Lösung. Auch wir Tibeter haben im Exil beträchtliche Hilfe erhalten und uns zunächst gern auf diese Hilfe gestützt. Dann aber haben wir unter großen eigenen Anstrengungen versucht zu überleben. Heute sind wir nicht nur in der Lage, für uns selbst aufzukommen, sondern arbeiten darüber hinaus an einer ganzen Reihe von Projekten mit, die den Erhalt unserer tibetischen Kultur sichern helfen.

Die Anstrengung muß also auch von den Ländern der dritten Welt selbst ausgehen. Anläßlich meines Aufenthalts in Gabun habe ich meinen afrikanischen Gastgebern gesagt, daß sie einfach lernen müßten, das enorme kulturelle Potential und die reichen Bodenschätze ihres riesigen Kontinents zu nutzen. Das ihnen dafür noch fehlende Selbstvertrauen muß entwickelt werden und die unerläßliche feste Entschlossenheit sich hinzugesellen. Dann können alle notwendigen Anstrengungen unternommen werden, um eine wirkliche Veränderung der gegenwärtigen Situation herbeizuführen. Erinnern wir uns an Mahatma Gandhi! Obwohl er über eine erstklassige westliche Erziehung verfügte, hat er immer auf die Stärken und Werte seiner eigenen Kultur gebaut.

Wechselseitige Abhängigkeit und der Erleuchtungsgeist

Das Wesen des Buddhismus ist vom Verhalten her Gewaltlosigkeit und von der Philosophie her Interdependenz. Was die Gewaltfreiheit betrifft, so würde ich sagen, daß ideales Verhalten darin besteht, den anderen Gutes zu tun. Wenn sich dies als nicht möglich erweist, sollte man zumindest vermeiden, anderen Schaden zuzufügen.

Interdependenz heißt, daß alle Phänomene von den verschiedenen Ursachen und Bedingungen, denen sie ihre Existenz verdanken, abhängig sind, oder anders ausgedrückt, daß alle Phänomene in wechselseitiger Abhängigkeit voneinander existieren. Diese Sichtweise ermöglicht uns zu begreifen, daß unser Glück und unser Leid nur als Folge von Ursachen und Bedingungen auftreten und daß ihr Vorhandensein von zahlreichen Faktoren abhängt. Diese Einsicht führt zu gewaltlosem Verhalten. Von daher gesehen ließe sich sagen, daß der Buddhismus eine Religion ist, während man ihn, im Hinblick auf die Sicht der Interdependenz der Phänomene, als Philosophie bezeichnen könnte. Im engeren Sinn des Wortes impliziert der Begriff Religion jedoch den Glauben an einen Schöpfergott, was bedeutet, daß der Buddhismus nicht als Religion bezeichnet werden kann. Einige westliche Gelehrte gehen sogar so weit, ihn weniger als Religion denn als Geisteswissenschaft zu betrachten. Andererseits wird im Buddhismus der Meditation große Bedeutung beigemessen, der Möglichkeit, mit ihrer Hilfe auf dem Weg voranzuschreiten und immer höhere Ebenen der Spiritualität zu erreichen. Demnach wäre der Buddhismus also doch eine Religion.

Es gibt Religionen, in denen der Glaube das Hauptelement ist und als Gegenpol dazu die radikalen Materialisten. Etwa in der Mitte zwischen beiden würden sich die Buddhisten befinden. Im Vergleich mit auf dem Glauben basierenden Religionen ist der Buddhismus keine Religion, man kann ihn aber auch nicht als reinen Materialismus definieren. Daraus folgt, daß der Buddhismus eine Brücke zwischen diesen beiden Gegensätzen bilden kann.

Indem man über die Grundwahrheiten des Buddhismus meditiert – zu denen zum Beispiel auch die Reinkarnation gehört –, schreitet man auf dem spirituellen Weg voran und erlangt Verwirklichung. Wären die fundamentalen Vorstellungen falsch oder gäbe es sie nicht, würde man keine spirituelle Verwirklichung erlangen. Die Leerheit etwa ist eine grundlegende Wahrheit, deshalb kann man über sie meditieren. Das gleiche gilt für die Vergänglichkeit der Phänomene und für das Leiden. Weil sie Tatsachen sind, kann man über sie meditieren und Verwirklichung erlangen. Gäbe es sie nicht, wäre dies nicht möglich.

FRAGEN

Hat die Art, wie Sie gekleidet sind – Ihr nackter Arm –, eine religiöse Bedeutung?

Das buddhistische Habit kommt aus Indien. Dort war es üblich, der Hitze wegen, nicht nur einen Arm, sondern den ganzen Oberkörper nackt zu lassen. In Tibet ist es trotz der oft empfindlichen Kälte nicht üblich, lange Ärmel zu tragen. Man wickelt sich eher in einen langen Schal.

Ich möchte noch erwähnen, daß die klösterliche Tracht aus verschiedenen aneinandergenähten Stoffstückchen besteht, was verhindern soll, daß man eine emotionale Bindung an seine Kleider entwickelt. Aber nachdem die einzelnen Teile nun mal vereint sind, kann es passieren, daß man dennoch an seinem Gewand hängt!

Sie haben gesagt, daß die Vorstellung von der Interdependenz aller Phänomene eine der Grundlagen der buddhistischen Philosophie darstellt. Macht dies den Buddhismus aufgeschlossener für die Forderungen der modernen Ökologie?

Die beiden Vorstellungen, die des Existierens in Abhängigkeit und die des bedingten Entstehens aller Phänomene, können da hilfreich sein, wobei besonders letztere zu einer holistischen, ganzheitlichen Sicht der Welt beiträgt. Was das bedingte Entstehen angeht, so muß man, um für die Zukunft Glück und Wohlergehen sicherzustellen, jetzt die Voraussetzungen dafür schaffen. Deshalb sollten die Menschen heute die Umwelt nicht nur unter dem Aspekt des eigenen Wohls betrachten, sondern auch im Hinblick auf zukünftige Generationen. Was das Existieren in Abhängigkeit angeht, so wird der Zustand der Umwelt weitgehend unsere Gesundheit beeinflussen. Wenn die Luft, die wir atmen, nicht sauber ist, sind wir es, die darunter zu leiden haben.

Die Menschheit versucht seit jeher herauszufinden, welches die ideale Gesellschaftsform ist. Könnte man die traditionelle tibetische Gesellschaft als ideal bezeichnen?

Die alte tibetische Sozialordnung war keineswegs vollkommen. Es handelte sich um eine Bauern- und Hirtengesellschaft, die zum großen Teil auf Leibeigenschaft beruhte. Vergleicht man sie jedoch mit der heutigen indischen oder chinesischen, so war sie mitfühlender und weniger hart. Die tibetische Gesellschaft hat nach der Verbreitung des Buddhismus ganz allgemein einen Wesenszug des Mitgefühls, der Offenheit angenommen. Die Menschen fühlten sich wohl in ihr. Unsere Beziehung zur Umwelt, zu den Tieren, war ausgesprochen friedlich, man lebte in großer Harmonie mit der Natur. In diesem Punkt könnte sie vielleicht als Vorbild dienen.

Könnte man sagen, daß das, was den Menschen auszeichnet, eher das Schweigen ist und nicht die Worte, mit denen er seine Gedanken zum Ausdruck bringt?

Für jene, die einen spirituellen, kontemplativen Weg gewählt haben und Meditation praktizieren, spielt das Schweigen natürlich eine wichtige Rolle. Aber auch denen, die nicht gläubig sind, kann eine Zeit des Schweigens Erholung und Entspannung bringen.

Wie erklären Sie, daß sich so viele junge Leute der östlichen Weisheit und Spiritualität zuwenden, obwohl wir doch auch eine reiche abendländische Tradition haben?

Die westliche Welt hat eine lange christliche Tradition, die die Kultur des Abendlandes geprägt hat. Aber es ist nur natürlich, daß man sich auch immer wieder von anderen Ideen und Geisteshaltungen angezogen fühlt. Auch in Tibet, einem alten buddhistischen Land, gibt es Moslems und Christen. Es ist also ganz normal, daß sich im Westen manche Menschen für den Buddhismus interessieren. Von diesen schätzen einige seine gedankliche Klarheit oder die meditativen Wege, andere wieder sind fasziniert von der Möglichkeit, sich – wie durch eine Operation – mit drei Augen anstelle von zweien wiederzufinden!

Glauben Sie, daß die Aufgabe der Hochschulerziehung allein darin besteht, in einer bestimmten wissenschaftlichen Disziplin auszubilden, oder haben die Professoren noch einen anderen Auftrag zu erfüllen?

Eine sehr gute Frage! Was den Menschen fundamental auszeichnet und seine Überlegenheit anderen Lebewesen gegenüber ausmacht, ist seine Intelligenz. Daraus ergibt sich, daß in einer Gesellschaft alle möglichen Ansichten vertreten sind, aus denen entsprechend viele Verhaltensweisen resultieren. Dies führt zu äußerst komplexen Situationen und oftmals zu Problemen.

Ich sage gern im Scherz, daß ein denkender Mensch ohne innere Konflikte kein wirklicher Mensch ist. Dank unserer Intelligenz gelingt es uns jedoch auch, Widersprüche zu überwinden, Konflikte zu lösen und Auswege zu finden. Die menschliche Intelligenz schafft die Probleme und gibt uns gleichzeitig die Möglichkeit, sie zu lösen. Die Erziehung, der Erwerb von Wissen, entwickelt und fördert diese Intelligenz. Sie kann Gutes bewirken, aber ebenso auch schaden oder ein neues Problem schaffen.

Erziehung an sich ist weder gut noch schlecht. Deshalb ist es so wichtig, daß die Lehrer mutig, aufrichtig und gerecht sind. Ob es nun die Eltern zu Hause oder die Lehrer an den Schulen und Universitäten sind – Erzieher dürfen sich nicht damit begnügen, nur Informationen zu vermitteln. Sie sollten vielmehr den ihnen Anvertrauten helfen, in ihrem Privatleben glücklich und für die Gesellschaft nützlich zu werden. Das heißt, sie sollten sich für die Zukunft ihrer Schüler verantwortlich fühlen und sie ermutigen. Der Erwerb von Wissen muß also mit dem Entwickeln von Mitgefühl verbunden sein.

Viele junge Menschen bei uns nehmen Drogen oder sind mit dem Aidsvirus infiziert, und die Zahl der Selbstmorde steigt. Haben Sie Vorschläge für die betroffenen staatlichen Institutionen, wie dieser schrecklichen Situation beizukommen ist?

Die beste Methode zur Überwindung dieser sozialen Probleme ist Selbstdisziplin, mit deren Hilfe man lernt, sich selbst zu beherrschen, denn es ist sehr schwierig, den Menschen von außen her Disziplin beizubringen. Damit ist nicht ein systematisches Verdrängen all unserer Begierden und Wünsche gemeint. Nicht Verdrängung, sondern vielmehr Erkennen aller Komponenten unseres Verhaltens führt zu wirklich verläßlicher Selbstdisziplin. Unseren Impulsen nachzugeben mag im Augenblick eine gewisse Befriedigung gewähren. Man muß sich jedoch über die Konsequenzen im klaren sein, die vielleicht nicht gleich erkennbar sind, sich aber mit Sicherheit in Zukunft bemerkbar machen werden. Benutzen wir also unsere Intelligenz und Vernunft dazu, unsere momentanen Begierden zu zügeln und das Für und Wider unseres Verhaltens abzuwägen, um auf diese Weise herauszufinden, welcher Weg der beste für uns ist.

Was sexuelle Exzesse oder den Gebrauch von Drogen angeht, muß man nach dem Antrieb dafür fragen: die Aussicht, einen Augenblick des Genusses zu erleben! Doch wenn man dieses kurzfristige Vergnügen den langfristigen Folgen gegenüberstellt, wird klar, daß die negativen Konsequenzen bei weitem überwiegen. Es ist also wichtig, sich seines Verhaltens und der Folgen, die es nach sich zieht, bewußt zu sein. Diese Verantwortung liegt bei allen Mitgliedern der Gesellschaft, nicht bei einzelnen Institutionen. Um eine gesunde Gesellschaft zu schaffen, muß jeder seinen Teil Verantwortung übernehmen.

Eine eher triviale Frage: Was halten Sie vom Gebrauch von Präservativen?

Dies ist eine gute Möglichkeit. Ich habe Ihnen jedoch noch einen anderen Weg zur Verhütung und zum Schutz vor Aids anzubieten: den Zölibat, die Enthaltsamkeit! Wenn es nur mehr Mönche und Nonnen gäbe! Wenn dies zu schwierig oder unmöglich ist, dann ist die Lösung, die Sie ansprechen, die beste.

Welche Verantwortung hat der Staat gegenüber seinen mittellosen Bürgern, Asylanten, Obdachlosen?

Wenn man vom Staat spricht und es sich dabei um eine demokratische, vom Volk gewählte Regierung handelt, entscheidet diese, was zu geschehen hat. Es ist klar, daß eine solche Regierung ihre Verpflichtungen erfüllen und sich um alle Bürger kümmern muß, insbesondere um die schwachen und mittellosen, und zwar sowohl aus Gründen der öffentlichen Ordnung als auch aus moralischen und praktischen Erwägungen. Wenn sich nämlich zwischen den verschiedenen sozialen Schichten ein Graben auftut, schafft dies zusätzliche Probleme. Viele meiner buddhistischen Freunde sind daher wie ich der Meinung, daß eine sozialistisch geprägte Wirtschaftsordnung die beste ist.

Lassen sich für das, was ich das internationale Recht nennen möchte, Prinzipien aufstellen, die gleichzeitig Verpflichtungen und Verbindlichkeiten definieren, also das Miteinander der Menschen regeln könnten?

Ich bin kein Experte für internationale Beziehungen, aber ich hege die tiefe Überzeugung, daß der Sinn für universelle Verantwortung, die Sorge um die anderen sowohl auf Regierungsebene wie auch im Alltag eines jeden unerläßlich ist.

Wenn wir uns betroffen und verantwortlich fühlen, weckt das in uns starke Gefühle, Mut und Einsatzbereitschaft. Diese Emotionen tauchen nicht aus dem Nichts auf. Sie resultieren vielmehr aus einem gründlichen Nachdenken und einer intensiven logischen Analyse und müssen von den alltäglichen Emotionen unterschieden werden, die uns plötzlich und ohne tieferen Grund überfallen. Ich denke dabei an all jene Emotionen, die wir unentwegt erleben, die unseren Geist erregen und die, weit davon entfernt, ihm Kraft zu verleihen, statt dessen unsere Gelassenheit zunichte machen. Natürlich hat jeder von uns Gefühle. Wenn wir sie jedoch auf der Basis von Vernunft entwickeln könnten, würden die flüchtigen und unbedeutenden Emotionen uns nicht mehr verstören, und die alltäglichen kleinen Kümmernisse würden uns vermutlich nicht mehr so leicht aus dem Gleichgewicht bringen.

Im Buddhismus haben wir das Prinzip von *bodhichitta,* dem Erleuchtungsgeist. Er bedeutet das Streben nach Vervollkommnung, danach, Buddhaschaft zu erlangen, damit alle Wesen Befreiung finden – was in etwa auf einen Sinn für universelle Verantwortung hinausläuft. Wenn wir traurig sind oder wenn unser Geist aufgewühlt und unruhig ist, hilft es meiner eigenen Erfahrung nach enorm, über den Erleuchtungsgeist nachzusinnen. Beim

Gedanken daran, diese große Verantwortung zu übernehmen, öffnet und entspannt sich unser bedrückter Geist und gewinnt an Kraft. Wir nehmen viel auf uns mit der universellen Verantwortung, aber letzten Endes werden wir dadurch glücklicher werden.

Heute wird auf allen Gebieten von der Notwendigkeit ethischen Denkens und Handelns gesprochen, in der Politik, in der Wirtschaft, in Medizin und Biologie, in der Medienarbeit. Was ist davon zu halten? Wie ist diese Entwicklung zu erklären?

Ich glaube, diese Entwicklung ist eine Frucht der Erfahrung. Nachdem man sich enormen Schwierigkeiten und großen Problemen gegenübersieht, wird man sich ganz einfach der Notwendigkeit der Ethik bewußt.

Speziell in Deutschland, Frankreich und in den USA ist viel von einer «Wirtschafts-Ethik» die Rede. Sind diese beiden Begriffe überhaupt miteinander vereinbar?

Man sollte zuerst einmal definieren, was unter Ethik zu verstehen ist. Es gibt nämlich zweierlei Arten, eine religiöse und eine säkulare. Einmal entscheiden wir uns für einen bestimmten spirituellen Weg und befolgen dessen ethische Grundsätze. Zum andern gibt es ein ganz natürliches ethisches Empfinden, nach dem sich auch Menschen richten, die keiner Religion angehören. Ich meine, daß ethisches Verhalten außerhalb eines religiösen Kontextes auf einen fundamentalen Wesenszug des Menschen, nämlich auf seine Liebesfähigkeit, zurückzuführen ist. Alle Bereiche menschlicher Aktivität – Wirtschaft, Politik, Erziehung, Wissenschaft, Technik, Medizin, Rechtswesen – könnten humaner, positiver und konstruktiver sein, wenn man dabei mehr Wert auf diese zwischenmenschlichen Gefühle, auf Verständnis und Mitgefühl, legen würde. Gewiß gäbe es auch dann Probleme und Schwierigkeiten, aber ich glaube, sie wären überschaubarer und besser in den Griff zu bekommen. Das gleiche gilt für die Religionen. Eine Religion, die ohne Humanität, ohne Mitgefühl für andere praktiziert wird, kann nur zu Problemen führen.

Was die Verbindung von Geschäft und Ethik angeht, so hat sie sicher ihre Tücken, da der Markt zu Profit- und Wettbewerbsdenken zwingt. Unmöglich ist sie jedoch nicht. Wenn ihm das entsprechende Motiv zugrunde liegt, kann ein Konkurrenzkampf auch positiv sein, zum Beispiel wenn dadurch die Produktivität des Betriebes gesteigert wird. Schlecht ist, wenn versucht wird, zum Schaden anderer Profit zu machen. Ich meine auch, daß die Unternehmen eine ganz besondere Verantwortung gegenüber der Umwelt haben und daß auf diesem Gebiet ethische Gesichtspunkte eine Rolle spielen müssen. Die Ethik sollte das Band sein, das die persönlichen Bedürfnisse der Mitarbeiter eines Unternehmens – die wie alle menschlichen Wesen der Zuneigung und Achtung bedürfen – und die Erfordernisse der Umwelt miteinander verbindet.

Mir fällt auf, daß die zunehmend ertrag- und erfolgreiche Entwicklung von Naturwissenschaft und Technik paradoxerweise mit einer wachsenden Minderung der Umweltqualität für den einzelnen einhergeht. Ich frage mich daher, ob das, was wir rational, was wir Vernunft nennen, nicht eine Illusion ist.

Es kommt darauf an, was man unter rational versteht. Es mag wie Vernunft aussehen, ein unmittelbares Bedürfnis, wie etwa das des Profits, zu befriedigen und die langfristigen Folgen dabei außer acht zu lassen. Doch in einem größeren Zusammenhang gesehen – zum Beispiel dem der Umwelt – werden diese Vernunftgründe hinfällig. Alles hängt davon ab, wie wir unsere Vernunft anwenden. Ist unser Horizont dabei eng oder weit? Haben wir dabei die globale Situation im Sinn? Denken wir kurz- oder langfristig, sind wir kurz- oder weitsichtig?

Ist es denkbar, daß sich ein Buddha als Nicht-Asiate, als Nicht-Tibeter wiederverkörpert?

Ja, gewiß. Laut buddhistischer Lehre gibt es sogar im Tierreich Emanationen der Buddhas.

Die Tiere wurden von jeher von den Menschen benutzt – als Nahrung, Kleidung, zur Unterhaltung und zu oft grausamer Forschung. Was denken Sie über Wesen und Rechte der Tiere?

Für den Buddhismus ist das Leben aller Wesen kostbar, seien es Menschen, Tiere oder andere Lebewesen. Alle haben das gleiche Recht auf Glück und Zufriedenheit. Deshalb ist die Tatsache für mich sehr schmerzlich, daß man sich der Tiere bedient, ohne ihnen das geringste Mitgefühl zu beweisen und daß man sie zu wissenschaftlichen Versuchen benutzt. Auch wenn man es ohne religiösen Hintergrund sieht: Die Vögel, die wilden Tiere – alles was unseren Planeten bevölkert – sind unsere Gefährten. Sie gehören zu unserer Welt, wir teilen sie mit ihnen. Ich mache auch die Beobachtung, daß Menschen, denen jedes Mitgefühl für Tiere fehlt und die sie, ohne mit der Wimper zu zucken, töten, über kurz oder lang auch das Mitgefühl für menschliche Wesen verlorengeht. Und umgekehrt gilt: Je mehr Mitgefühl wir haben für die Tiere, je mehr wir ihr Leben als etwas Wertvolles betrachten, desto mehr achten wir das menschliche Leben.

Sind Buddhisten eo ipso Vegetarier?

Vom buddhistischen Standpunkt aus halte ich es für sehr wichtig, Vegetarier zu sein. Ich sage immer, daß es – auch wenn der einzelne es nicht schafft, sich rein vegetarisch zu ernähren – unerläßlich ist, auf Festen, Versammlungen oder bei ähnlichen Ereignissen das Essen von Fleisch zu vermeiden. Was mich angeht, so tue ich mein Bestes, die Tibeter vom Segen vegetarischer Ernährung zu überzeugen.

Muß man sich von der Welt zurückziehen, um spirituelle Verwirklichung zu erreichen?

Im allgemeinen ist es für die, die eine Religion praktizieren, besser, sich nicht von der Welt abzukehren. Wenn jedoch jemand spürt, daß er oder sie bereit ist, sich intensiv der Meditation zu widmen, dann ist es gut, für eine gewisse Zeit in Klausur zu gehen. Dies gibt es in allen Religionen.

Im Buddhismus gibt es keinen Schöpfergott. Wer oder was sind dann die Gottheiten, und wem gilt der Kult?

Es ist richtig, daß der Buddhismus weder einen Gott, der ewig ist, noch einen Schöpfergott kennt. Der Buddhismus sagt aber, daß gewöhnliche Wesen Erleuchtung, Vollkommenheit erlangen können, indem sie sich auf einem spirituellen Weg üben, auf diese Weise ihren Geist reinigen und alle Qualitäten in sich entwickeln. Sie werden dann Arya-Buddhas genannt. Wir kennen auch die Existenz von überlegenen Wesen, die den spirituellen Weg bis zu einem gewissen Punkt durchlaufen haben. Man spricht dann von Arya-Sangha. Ihnen bringen wir

Opfergaben dar und an sie richten wir unsere Bitten. Das alles geschieht mit dem Ziel, selbst ein Buddha zu werden. Dies ist auch der Grund dafür, daß die Buddhas, den jeweiligen Veranlagungen und Bedürfnissen der einzelnen Lebewesen entsprechend, in einer so großen Formenvielfalt erscheinen. Ihre Emanationen werden Gottheiten genannt.

Glauben Sie, daß die jungen Tibeter von morgen angesichts der Verlockungen der Konsumgesellschaft weiterhin bestrebt sein werden, ihre Identität zu bewahren?

Ich habe die Beobachtung gemacht, daß die vielen, mittlerweile über die ganze Welt verstreuten Tibeter – auch jene, die inmitten einer Konsumgesellschaft leben – den starken Willen haben, ihre Kultur und Tradition zu erhalten. Eine gewisse Gefahr ist jedoch nicht zu leugnen.

Was können Menschen, die an chronischen Krankheiten leiden, oder junge Menschen, die Aids haben, tun, um mit ihrem Leiden besser fertig zu werden?

Alles hängt von unserer Einstellung zum Leiden ab. Wenn wir ihm ohne jede innere Alternative ausgeliefert sind, dann sind die Schmerzen da, und es ist schwer, sie zu ertragen. Haben wir uns jedoch bereits vorher darin geübt, in einer bestimmten Weise zu denken, können wir mit der Situation besser umgehen. Wir wissen, wie wir unsere Gedanken auf Leiden richten können, die noch schwerer sind als unsere, und sind so in der Lage, unsere eigenen Schmerzen zu relativieren. Ein praktizierender Buddhist, der von Aids oder irgendeiner anderen sehr schmerzhaften Krankheit befallen ist, könnte über das Gesetz von Ursache und Wirkung nachdenken. Er könnte für sich den Wunsch fassen, durch das gegenwärtige Erleben von Schmerzen, die aus vergangenem negativem Verhalten resultieren, alle in ihm wartenden potentiellen Leiden auszulöschen. Er könnte sich auch vorstellen, daß er sein eigenes Glück allen Wesen hingibt und mit seinem Leiden all ihre Leiden auf sich nimmt. Er könnte seine Krankheit als die Gelegenheit sehen, das Wesen des Seins besser zu verstehen, zu erkennen, daß Leiden eines seiner Merkmale ist. Und er könnte über die Nachteile des Daseinskreislaufs nachdenken. Indem sich so seine Sicht der eigenen Situation erweitert, könnten ihm seine Qualen geringer erscheinen und an Bedeutung verlieren. Auf diese Weise kann sich sein Leben erhellen und leichter werden.

Ich möchte dazu noch folgendes sagen: Der Tendenz unserer Gesellschaft, jene die leiden, die arm sind oder krank, beiseite zu schieben und auszugrenzen, sollten wir entgegenwirken. Wir müssen vielmehr alles tun, um gerade ihnen mit einem von Zuwendung erfüllten Herzen zu helfen.

Sind Sie der Ansicht, daß das Prinzip der Trennung von Kirche und Staat für jede Demokratie Geltung haben sollte? Ist der Buddhismus eine Religion, die jeden Fanatismus ausschließt? Und wenn ja, warum?

Ich halte es für wichtig, die Kirche als Institution vom Staat zu trennen. Was uns betrifft, so haben wir eine Verfassung ausgearbeitet, die in Kraft treten wird, wenn Tibet seine Freiheit wiedergewonnen hat. Darin ist ganz klar festgelegt, daß die Regierung demokratisch vom Volk gewählt werden soll.

Die Gefahr des Fanatismus scheint mir für den Buddhismus sehr gering. Tatsächlich vereint er zahlreiche philosophische Richtungen unter einem Dach. Selbst innerhalb ein und derselben Schule unterscheidet man Großes und Kleines Fahrzeug, das Fahrzeug der Shravakas, Pratyekabuddhas und das der Bodhisattvas. Diese verschiedenen Schulen und Richtungen sind dazu da, den unterschiedlichen intellektuellen Fähigkeiten, den für jedes Wesen anderen Voraussetzungen Rechnung zu tragen. Da im Buddhismus also die verschiedenen philosophischen Richtungen auf harmonische Weise koexistieren, fällt es Buddhisten leicht zu begreifen, daß alle anderen Religionen, obwohl sie verschiedene metaphysische und philosophische Sichtweisen vertreten, zum Wohl der Menschen beitragen. Für Fanatismus ist demzufolge wenig Platz.

Ich bin der Meinung, daß der religiöse Pluralismus von den Religionen einfach akzeptiert werden muß. Die Beziehungen untereinander zu vertiefen ist einer der besten Wege, das Entstehen von Fanatismus zu verhindern.

Welchen Platz räumt der Buddhismus der Frau ein – im Vergleich zu ihrer Stellung in anderen Religionen?

Nach den Vorschriften des Vinaya (der monastischen und Laiendisziplin) können beide, Männer wie Frauen, voll ordiniert werden, das heißt *bikshu* oder *bikshuni* werden. Im indischen Kontext war es jedoch so, daß den gleichen Vinaya-Regeln zufolge eine Bikshuni hinter ihrem männlichen Pendant, dem Bikshu, sitzen muß, auch wenn sie schon viel länger praktiziert als er.

Im Höchsten Fahrzeug des Buddhismus jedoch, dem Weg des Geheimen Mantrayana, kommt dem weiblichen Prinzip ganz besondere Bedeutung zu, was auch eine Aufwertung der Frauen mit sich bringt. Gewisse Regeln des Vinaya sind von der damaligen indischen Gesellschaft beeinflußt, in der eine Existenz als Frau weniger wert war. Eine mögliche Abänderung dieser Passagen ist vorgesehen, und es ist ein Treffen geplant, auf dem diese Frage diskutiert werden soll.

Der Wille zum Frieden

Sprechen wir vom Frieden. Da die menschliche Natur ihn höher schätzt als Blutvergießen, halte ich es für möglich, die Gewalt einzudämmen und eine Gesellschaft zu schaffen, die harmonischer, friedlicher und warmherziger ist – selbst wenn der friedliebende Grundzug der menschlichen Natur manchmal durch unkontrollierte Emotionen geschwächt wird. Es gibt eine kurzfristige und eine langfristige Strategie, um dieses Ziel zu erreichen.

Was erstere betrifft, so sind Sie alle zur Genüge damit beschäftigt, die Probleme unserer Zeit, wie eben zum Beispiel das der Gewalt, in den Griff zu bekommen. Ich habe Ihnen dazu deshalb nichts zu sagen, was mehr wäre als leere Worte.

Was jedoch die Strategie auf lange Sicht betrifft, die Zukunft also, so glaube ich, daß die Erziehung, die Ausbildung, der Hauptfaktor ist, um die menschliche Intelligenz in eine positive Richtung zu lenken. Es wäre nützlich, einmal genau zu prüfen, wo hier die Lücken in unserem derzeitigen Erziehungssystem sind. Es fällt zum Beispiel auf, daß in manchen Ländern mit voller Absicht die Entwicklung negativer Emotionen, wie etwa Haß gegen den Nachbarn, gefördert wird. Die Realität aber zeigt, daß die Menschheit ohne eine wirkliche internationale Zusammenarbeit nicht überleben kann. Begriffe wie «unser Land», «euer Land», «unsere Religion», «eure

41

Religion» sind heute zweitrangig geworden. Es muß ganz im Gegenteil immer wieder betont werden, daß die anderen den gleichen Stellenwert haben wie wir. Das ist Humanität! Und unter diesem Gesichtspunkt müssen wir unser Erziehungssystem betrachten und gegebenenfalls revidieren.

Ein weiterer Faktor in der langfristigen Strategie sind die Medien. Ich respektiere sie sehr und schätze es, daß sie sich überall einmischen. Das Verhalten einflußreicher Persönlichkeiten ist nicht immer einwandfrei. Es ist also sehr nützlich, daß die Medien ein Auge darauf haben. Journalisten besitzen Gespür und können etwas bewirken. Andererseits mache ich ihnen aber den Vorwurf, sich zuviel mit den negativen Aspekten des menschlichen Denkens und Tuns zu beschäftigen. Die Berichterstattung sollte ausgewogener sein. Es wird zuviel Unglück gezeigt und zuwenig über die gute und mitfühlende Natur des Menschen gesagt, die der tiefste Grund unseres Geistes und die Basis für eine mögliche positive Entwicklung ist. Ich widerspreche der oft vertretenen negativen Einschätzung des Menschen: All den schlechten Nachrichten zum Trotz erhalten Millionen von Jugendlichen, Kranken oder Alten, dank des Vorhandenseins von Mitgefühl und tatkräftiger Zuwendung, Hilfe und Unterstützung. Es sind also nicht nur die negativen Emotionen am Werk, die positiven Emotionen sind genauso aktiv.

Ein anderer Faktor ist die Religion, die manchmal zur Quelle von Problemen wird, was, meiner persönlichen Erfahrung nach, auf einen Mangel an gegenseitigem Austausch zurückzuführen ist. Wenn wir einmal Beziehungen zueinander aufgenommen haben, wird sich unser Blickwinkel erweitern. Wir werden endecken, daß wir auf der Basis unserer Gemeinsamkeiten arbeiten und einander kennenlernen können. Ich glaube, daß daraus ein wechselseitiger Respekt entstehen kann, der zukünftige religiöse Streitereien verhindert.

Ein weiteres Problem sind die Politiker, und zwar keineswegs nur die in diktatorischen oder autoritären Regimen, sondern auch die demokratisch gewählten Volksvertreter, die gewiß einen großen Teil ihres Denkens und Handelns in den Dienst ihres Landes stellen – doch je näher der nächste Wahltermin rückt, um so größer werden die Zugeständnisse an bestimmte Wählergruppen, was nicht immer zum Wohle des Ganzen ist. Wie das zu ändern ist? Ich weiß es wirklich nicht!

All diese angeführten Faktoren sollten sorgfältig und umfassend erforscht werden, da sie die Menschheit als ganze betreffen. Jeder von uns ist ein Mitglied der menschlichen Familie, egal ob wir arm sind oder reich, ob wir nun als Erzieher, Ökonome oder Politiker arbeiten, ob wir im juristischen oder religiösen Bereich tätig oder Geschäftsleute sind – es obliegt einem jeden von uns, seinen Teil der Verantwortung zu übernehmen und sein Potential zu nutzen, um eine friedlichere Welt zu schaffen.

Heute, nach dem Zusammenbruch verschiedener totalitärer Regime, machen die traurigen Ereignisse in Bosnien oder auch in Afrika deutlich, wie unerläßlich es ist, alles zu tun, um in Zukunft solch schreckliches Leid zu verhindern. Es ist zur Zeit viel von einer neuen Weltordnung die Rede. Da sich Strukturen, wenn sie sich erst einmal gebildet und verfestigt haben, schwer wieder ändern lassen, sollte jetzt, nach dem Zerfall der alten Machtblöcke, die günstige Gelegenheit zur Erneuerung genutzt werden. Aber die Menschen, nicht wissend, was sie tun sollen, sind teilweise noch verängstigter als vorher. Wie dem auch sei: Es liegt an den Regierungen, die Chance zu ergreifen!

Es bleibt als schwierige Aufgabe die atomare Abrüstung. Solange es noch Waffen gibt, bleibt man immer einer Handvoll von Verantwortungslosen ausgeliefert, die eine Katastrophe herbeiführen können.

Was mich angeht, so betone ich stets den Wert dessen, was ich innere Abrüstung nenne. Sie geschieht durch den Abbau von Haß und die Förderung des Mitgefühls.

Zum Schluß möchte ich noch einmal darauf hinweisen, daß es an jedem von uns liegt, Anstrengungen zu unternehmen im Hinblick auf eine Änderung der Denkweise der Menschen, der *Wille* ist das Ausschlaggebende dabei. Wenn wir wirklich entschlossen sind, lassen sich die schwierigsten Vorhaben verwirklichen. Fehlt uns dieser feste Wille, sind wir pessimistisch, gelingt uns nichts. Entschlossenheit und Zuversicht sind, wie ich aus eigener Erfahrung weiß, die Schlüssel zum Gelingen.

MENSCH UND NATUR

OM MANI PADME HUM! Die sechs Silben dieses Mantra sind dazu bestimmt, die Leiden der sechs Arten von Lebewesen, die durch den Daseinskreislauf irren, zu lindern. Wir wissen heute, daß ihr Glück oder Leid und der Zustand der Umwelt eng miteinander verknüpft sind. Die Umwelt und ihr Schutz sind zu einem Kernproblem geworden, bei dem es nicht um Ethik oder Moral geht, sondern schlicht um unser Überleben. Mein eigenes Interesse an Umweltfragen ist nicht die Frucht einer langandauernden Beschäftigung damit, sondern etwas, was ganz überraschend in mir geweckt wurde.

Sie müssen wissen, daß in Tibet jedes Wasser trinkbar ist. In Indien, oder auch anderswo, wird dagegen meist ein Unterschied gemacht zwischen Trinkwasser und Wasser, das man nicht trinken kann. Das hat mich erstaunt, und von daher rührt mein Interesse am Umweltschutz. Ich habe mich dann mit Hilfe von Spezialisten informiert und gemerkt, daß es sich hier um ein sehr ernstes und wichtiges Thema handelt.

Die verheerenden Auswirkungen eines Krieges sind sofort sichtbar, Umweltschäden werden jedoch erst nach und nach spürbar, und wenn sie schließlich offen zutage treten, ist es schon zu spät. Es erfüllt mich mit Freude und Hoffnung, daß dem Umweltschutz heute wachsende Aufmerksamkeit zuteil wird. Aufgrund der Intelligenz und Begehrlichkeit unserer menschlichen Natur verhalten wir uns gelegentlich, ohne es eigentlich zu wollen, auf, langfristig gesehen, sehr unheilvolle Art und Weise. Richtig angewandt, kann unsere Intelligenz aber auch die Mittel finden, die dadurch entstandenen Probleme zu lösen.

Aus diesem Grund halte ich es für sehr wichtig, von Mitgefühl bestimmt zu sein, einen Blick zu haben für die Leiden anderer und für möglicherweise langfristig negative Folgen bestimmter Verhaltensweisen. Im allgemeinen stärkt eine positive Motivation Selbstvertrauen und Entschlossenheit. Mir scheint diese Entschlossenheit, gepaart mit Vernunft oder Intelligenz, von elementarer Bedeutung zu sein. Aus dieser inneren Kraft, diesem Mut, erwachsen die Werkzeuge, die uns helfen, alle Hindernisse, egal welcher Art, zu überwinden. Gleichzeitig müssen alle Probleme, die sich global in technologischer, bevölkerungspolitischer oder wirtschaftlicher Hinsicht stellen, von allen erkannt und offengelegt werden.

Die Sorge angesichts zukünftiger Gefahren und das Wissen um die Dringlichkeit, mit der Lösungen gefunden werden müssen, helfen uns, unsere Energie auf die Entdeckung von Heilmitteln zu konzentrieren. Eine Institution, die mit wissenschaftlichen Methoden Umweltforschung betreibt, kann alle qualitativen und quantitativen Daten liefern, um uns über den Zustand der Umwelt – ihre Erholung oder Verschlechterung – auf dem laufenden zu halten. Eine solche Einrichtung ist unentbehrlich.

Die Sorge um die Umwelt darf aber nicht an den Grenzen unseres Landes oder unserer näheren Umgebung haltmachen. Alle Wesen auf der Erde sind davon betroffen. Es ist wichtig, daß sich alle dessen bewußt werden, damit die Probleme mit vereinten Kräften angegangen werden können. Wenn man Kindern von Anfang an einen Sinn für die Umwelt vermitteln könnte, würde dieses «Umweltbewußtsein» zum integralen Bestandteil ihres Lebens werden.

Die großen Umweltschäden gehen zweifellos auf das Konto der modernen Industrie und einer wachstumsorientierten Wirtschaft. Gewiß muß die Wirtschaft sich entwickeln und wachsen, es besteht aber die Gefahr, daß man dabei allein den Profit im Auge hat. Sicherlich sollen die Bodenschätze unserer Erde genutzt werden, es besteht aber die Gefahr, daß diese Ausbeutung maßlose Formen annimmt. Einige Fachleute gehen so weit, von der Notwendigkeit einer Änderung des Lebensstils der westlichen Welt zu sprechen. Ich weiß nicht, ob das sehr realistisch ist, auf jeden Fall muß ein Mittelweg zwischen den Extremen gefunden werden.

FRAGEN

Wie können wir im Westen technischen Fortschritt einerseits und Erhaltung der Umwelt andererseits versöhnen? Glauben Sie, daß Mensch und Natur untrennbar miteinander verbunden sind, oder könnte man sich auch eine Welt ohne Menschen vorstellen?

In der Tat wird in der buddhistischen Kosmologie eine Zeitspanne zu Beginn der Entstehung des Universums angenommen, in der der Mensch abwesend war. Und auch in ferner Zukunft wird es eine Zeit geben, in der die Menschheit nicht mehr sein wird, während das Universum noch eine gewisse Zeitlang weiterbesteht. Ich könnte mir denken, daß es dann mehr Frieden auf der Welt geben wird – aber wer weiß ...

Zur ersten Frage: Ich glaube, daß – wie ich schon sagte – die Verbindung von Technologie und Umweltschutz von zentraler Bedeutung ist. Ich habe gehört, daß man inzwischen viele Fabriken gebaut hat, die die Umwelt nicht mehr so stark belasten. Als ich in Stockholm war, haben mir meine Freunde dort erzählt, daß sich in dem Fluß, an dem die Stadt liegt, wieder Fische befinden, nachdem sie lange Zeit daraus verschwunden waren, und daß das Wasser sauberer geworden ist, ohne daß man viele Fabriken geschlossen hätte. Man hat einfach Filter eingebaut, die verhindern, daß die Giftstoffe ins Wasser gelangen. Dieses Beispiel zeigt, daß es möglich ist, die Umweltverschmutzung in Grenzen zu halten, ohne die industrielle Produktion stillzulegen.

Wird es nicht Zeit für eine Agrarpolitik, die der traditionellen Ernährung der Entwicklungsländer entspricht, anstatt diesen Ländern westliche Ansichten über die Art und Weise der Landbestellung aufzuzwingen?

Es ist wichtig, daß man sich den unterschiedlichen Gegebenheiten und Bedingungen eines jeden Gebiets anpaßt. Zeitweise kann der Gebrauch von chemischen Produkten, wie Dünger und Insektizide, durchaus notwendig sein, um das Wachstum der Pflanzen zu fördern und die Vernichtung der Ernten zu verhindern. Trotz des negativen Aspekts der Umweltvergiftung scheinen solche Eingriffe in gewissen Ländern erforderlich zu sein, um zum Beispiel Hungersnöten vorzubeugen.

In einigen Ländern Afrikas rühren manche Schwierigkeiten daher, daß die Staatsgelder eher in den Aufbau der Armee gehen als in den der Landwirtschaft. In Gebieten hingegen, wo die Bevölkerung, bedingt durch Trockenheit oder unfruchtbare Böden, unter einem Mangel an

Nahrungsquellen leidet, ist es unumgänglich, mit allen Mitteln zu versuchen, die Produktivität des Ackerlandes zu steigern. Unter anderen Bedingungen und wenn die Umstände es gestatten, ist es zweifellos besser, traditionelle Anbaumethoden beizubehalten, die die Natur respektieren und bewahren.

DER MENSCHHEIT DIENEN

Ich habe seit meiner frühesten Kindheit großes Interesse an Technik und gehöre nicht zu den Menschen, die meinen, ihre fortschreitende Entwicklung sei eher negativ zu betrachten. Ich glaube, alles hängt von unserer Haltung ab. Die Technik ist ein Instrument, das ausführt, was man es zu tun heißt. Es steht in unserer Macht, sie zu unserem Wohl oder zu unserem Schaden zu nutzen. Es kommt also auf unsere Motivation an, auf die Art und Weise, wie man mit der Technik umgeht. Wir sind heute Zeugen eines ungeheuren Wissenszuwachses auf allen Gebieten. Das allgemeine Interesse, das dieser Entwicklung entgegengebracht wird, steht jedoch in einem eklatanten Mißverhältnis zu dem Interesse der Menschen an der Entwicklung von Mitgefühl und Nächstenliebe.

Der Mensch ist jedoch keine Maschine und hat deshalb auch keine Hoffnung, wahres Glück einzig aufgrund äußerer Umstände zu erlangen. Wir sind zwar auf ein Minimum an materiellem Wohlstand angewiesen, dieser kann jedoch nicht die Vorbedingung für Glück sein. Die wirkliche Voraussetzung für Glück und Zufriedenheit liegt in uns selbst: Wir müssen sie in unserem eigenen Innern entwickeln, denn Glück ist ein Phänomen unseres Bewußtseins. Wer voller Fortschrittsgläubigkeit der Meinung ist, daß sich alle Probleme auf wissenschaftlich-technischem Weg lösen lassen, hat eine verengte Sichtweise und sollte erst einmal herausfinden, wo die Grenzen eines solchen Denkens liegen. Vor allem jedoch sollten wir die Schwierigkeiten, mit denen wir konfrontiert sind, nicht aus nächster Nähe anschauen. Betrachten wir sie im Gegenteil aus einer gewissen Distanz, innerlich offen und in einem großen Zusammenhang! Dann läßt sich leichter eine Lösung finden! Wenn wir zu dicht an unseren Problemen sind, sehen wir nur die negativen Aspekte. Wenn wir sie hingegen aus einem gewissen Abstand und aus verschiedenen Blickwinkeln prüfen, hilft uns dies, der Situation auch positive Seiten abzugewinnen. Ich halte es für wesentlich, unsere natürliche Intelligenz mit Mut zu paaren, um auf diese Weise echtes Selbstvertrauen zu entwikkeln. Meine persönliche Erfahrung hat mich gelehrt, daß dies den inneren Frieden sehr fördert!

FRAGEN

Welche Maßnahmen könnten Politiker ergreifen, um die Bevölkerung glücklicher und zufriedener zu machen?

Ich glaube nicht, daß dies allein die Aufgabe der Politiker ist. Erzieher, Naturwissenschaftler, Politologen, Psychologen, Geisteswissenschaftler, Intellektuelle – kurz, jeder ist da in der Pflicht, nach Mitteln und Wegen zu suchen, die den inneren Frieden fördern. In der Medizin entdeckt man zum Beispiel mehr und mehr, wie eng die Verbindung zwischen psychischer Ausgeglichenheit und physischer Gesundheit ist. Solche Forschungen sind es wert, intensiv weitergeführt zu werden.

Den Medien kommt in diesem Zusammenhang eine zentrale Bedeutung zu. Sie stehen für ein neues Zeitalter, und ich meine, daß sie in gewisser Weise eine Lehrfunktion haben, daß sie ein geistig anregender Faktor für die Menschen sein sollten.

Was halten Sie von Geburtenkontrolle, und wie ist Ihre Einstellung zur Abtreibung?

Ich beantworte diese Frage normalerweise, indem ich den Standpunkt des Buddhismus erkläre, der jede Lebensform, selbst die eines Insekts und natürlich insbesondere das menschliche Leben, als etwas außerordentlich Wertvolles betrachtet. Von daher gesehen sind alle Methoden der Geburtenregelung abzulehnen. Doch das immense Bevölkerungswachstum zwingt uns, die Geburtenkontrolle als das einzige Mittel gegen Überbevölkerung ernsthaft in Betracht zu ziehen. Deshalb befürworte ich, vor allem auch in Anbetracht der zur Neige gehenden Ressourcen der Erde, eine gewaltfreie Geburtenkontrolle.

Abtreibung kommt zweifellos einem Akt des Tötens gleich. In der Vinaya-Tradition gilt als oberstes Gebot, kein menschliches Wesen zu töten – auch keinen Fötus. Es gibt jedoch ganz besondere Härtefälle, zum Beispiel, wenn das Leben einer Schwangeren durch das Austragen des Kindes bedroht ist oder wenn feststeht, daß das Kind extreme Anomalien aufweisen wird.

Wie kann man Menschen helfen, die chronisch krank sind und nicht die Kraft aufbringen, dem Weg der Erleuchtung zu folgen?

Unter den verschiedenen Arten von Krankheiten sind die, die auch den Geist des Menschen angreifen, unendlich traurig und tragisch. Bei vielen schmerzhaften Leiden bleiben die geistigen Fähigkeiten jedoch unbeeinträchtigt, was ein spirituelles Engagement erlaubt. Die Dharma-

Praxis ist kein äußerlicher Vorgang, sie betrifft die innere Einstellung, die Arbeit mit dem eigenen Geist. Kranke Menschen können ohne weiteres Meditationsübungen über Liebe, Mut, Vertrauen und Mitgefühl praktizieren, dadurch wird ihre Zuversicht gestärkt, und ihr Leben erhält Sinn und Würde. Man muß dabei aber mit großem Feingefühl vorgehen. Wenn der Kranke sich keiner bestimmten Glaubensrichtung zugehörig fühlt, muß man offen sein für seine Wünsche und spirituellen Bedürfnisse. Es wäre unsinnig, jemandem Ansichten oder Übungen gegen seine Veranlagung und seine inneren Neigungen aufzunötigen. Man muß erspüren, wann der richtige Zeitpunkt gekommen ist, zu sprechen, und wann der Patient bereit ist, zuzuhören. Im Falle eines Nichtgläubigen sollte es Kernpunkt der Hilfe sein, in der unmittelbaren Umgebung des Kranken eine Atmosphäre des Friedens zu schaffen und zu wahren, damit sein Geist in Ruhe und Entspannung verweilen kann.

Was kann man tun, wenn man erfährt, daß man Aids oder eine andere unheilbare Krankheit hat?

Auch hier wird die Reaktion von der spirituellen Einstellung der betroffenen Person abhängen. Was ich Atheisten oder Menschen, die keinen besonderen religiösen Glauben haben, in diesem Zusammenhang antworten soll, weiß ich nicht. Ich möchte aber doch folgendes sagen: Wie auch immer die geistigen Möglichkeiten des einzelnen beschaffen sein mögen, keiner darf von der Gesellschaft fallengelassen werden, die Kranken dürfen sich niemals ausgegrenzt fühlen. Hier trägt die Gesellschaft eine große Verantwortung.

Was ist, wenn jemand im Koma liegt und aller Voraussicht nach nicht mehr daraus erwachen wird? Sollte man einen solchen Menschen künstlich am Leben erhalten? Was hat es für karmische Folgen, wenn man die Apparate abschaltet, um sein Leiden zu beenden?

Wir müssen das Problem vom Standpunkt des Kranken aus betrachten. Ist sein Geist noch wach, beweglich, fähig zu denken? Wenn ja, ist jeder weitere Tag seines Lebens von großer Bedeutung, da er ihm die Möglichkeit zur Entwicklung von positiven Eigenschaften wie Mitgefühl und Altruismus gibt. Befindet er sich in einem tiefen Koma, ist sein Geist zweifelsfrei nicht mehr in der Lage, seine Funktion zu erfüllen, müßte man, neben anderen Faktoren, den Wunsch seiner Familie berücksichtigen, und schließlich muß es jemanden geben, der die Verantwortung für die Euthanasie übernimmt. Ein sehr sensibles Thema, das sich nicht in allgemeingültiger Weise beantworten läßt. Vor allem muß sehr genau geprüft werden, welches Motiv hinter einer solchen Entscheidung steht.

Der Buddhismus lehrt, daß man keinem einzigen fühlenden Wesen das Leben nehmen darf. Wenn jemand leidet, muß er diesen Zustand annehmen und ihn läutern. Jeder von uns hat sein Karma angesammelt, wir tragen sein Potential in uns, die Zukunft liegt also bereits in unseren Händen. Da Schwierigkeiten, Krankheiten, Behinderungen die Früchte unseres negativen Verhaltens in der Vergangenheit sind, ist es schwer, ihnen zu entkommen. Wenn wir mit Krankheit und Leid konfrontiert werden und wenn wir – nachdem wir mit allen Mitteln dagegen angekämpft haben – unsere Ohnmacht erkennen müssen, sollten wir uns in Erinnerung rufen, daß all diese Schwierigkeiten das Resultat vergangener Taten sind. Es darf aber nicht der Fehler gemacht werden, dem Leiden der Betroffenen gegenüber gleichgültig zu sein, weil man sich sagt, daß es ihr Karma ist und man folglich nichts dagegen tun kann.

Wie schafft man es, vom Alkohol loszukommen?

Wenn man einmal die Frage der Glaubenszugehörigkeit der betroffenen Person beiseite läßt, so könnte man einfach über die sichtbaren Nachteile übertriebenen Alkoholgenusses nachdenken – sich klarmachen, daß Körper und Geist dadurch zerstört werden, und sehen, wie sehr man sich dadurch isoliert. Wenn man diese Nachteile deutlich erkennt und den festen Entschluß faßt, nicht mehr zu trinken, bin ich sicher, daß man es schaffen kann.

Für den Fall, daß es einem nicht gelingt, ist es am besten, ärztlichen Rat zu suchen und eine Entziehungskur zu machen.

Begeht ein Tibeter, der ein Yak tötet, um seine Familie zu ernähren, oder einer Ihrer Leibwächter, der jemanden tötet, um Ihr Leben zu schützen, eine negative Tat?

Das sind ganz sicher negative Taten. Die karmische Intensität einer jeden Handlung hängt jedoch von vielen Faktoren ab – von der Absicht, die der Tat zugrunde liegt, der eigentlichen Ausführung und von dem, was man anschließend darüber denkt.

Worin besteht sexuelles Fehlverhalten? Was denken Sie zum Beispiel über Homosexualität?

Die buddhistische Ethik kennt sexuelles Fehlverhalten hinsichtlich der Organe, der Zeit und des Orts. Sogenannte «unpassende» Körperteile sind der Mund und der After, und ein sexueller Akt, der diese Körperteile sowohl beim Mann wie bei der Frau einbezieht, wird als sexuelles Fehlverhalten betrachtet. Ebenso die Onanie.

Was die Zeit angeht, so gelten als Fehlverhalten sexuelle Beziehungen am Tag sowie sexuelle Beziehungen mit einem Partner, der an die Einhaltung bestimmter Regeln gebunden ist, wie etwa den Zölibat oder das Gelübde zeitweiser Enthaltsamkeit. Jemanden zum sexuellen Akt zu zwingen fällt ebenfalls unter das Verdikt der unpassenden Zeit.

Unpassende Orte sind Tempel und Orte der Verehrung, auch Positionen, in denen einer der Partner sich unwohl fühlt, gehören in diese Kategorie. Ein sexueller Akt ist dann korrekt, wenn das Paar die dafür vorgesehenen Organe benutzt und nichts anderes. Beziehungen zu einer Prostituierten, die man selbst bezahlt, gelten hingegen nicht als inkorrekt.

Homosexualität, egal ob zwischen Männern oder zwischen Frauen, ist nicht an sich inkorrekt. Inkorrekt ist der Gebrauch jener Organe, die, wie eben erläutert, als für den sexuellen Akt unpassend betrachtet werden.

Wie erklärt der Buddhismus das Bewußtsein von winzigen Lebewesen wie Insekten und Bakterien? Haben alle Formen des Lebens ein Bewußtsein? Auch Bäume, Pflanzen, Steine? Hat ein Baum die Buddha-Natur?

Ich habe dieses Thema mit Wissenschaftlern diskutiert, und wir sind uns mehr oder weniger darüber einig geworden, daß alles, was sich aus eigener Kraft bewegen kann, Bewußtsein hat. Die Wurzeln der Bäume bewegen sich zwar im Laufe ihres Wachstums, aber das ist keine eigenständige Bewegung. Man kann also nicht sagen, daß ein

Baum ein mit Bewußtsein begabtes Lebewesen sei. Wir sind jedoch zu dem Schluß gekommen, daß ein winziger Einzeller wie die Amöbe ein Lebewesen ist, weil sie die Fähigkeit besitzt, sich selbständig fortzubewegen.

Da wir die Pflanzen also nicht als Lebewesen bezeichnen können, nehmen wir auch nicht an, daß sie die Buddha-Natur besitzen. Was die fleischfressenden Pflanzen angeht, so bin ich außerstande zu sagen, ob der Akt des Beutefangens auf einer bloßen chemischen Reaktion beruht oder ob ein Bewußtsein dahintersteht. Die Frage muß offenbleiben. Gewisse Fälle, wie etwa die erwähnten fleischfressenden Pflanzen, sind mit einem Fragezeichen zu versehen: Handelt es sich dabei um unbelebte Pflanzen, also Phänomene ohne Bewußtsein, oder um lebende Wesen mit Bewußtsein? In einigen buddhistischen Texten wird eine Klasse von Lebewesen erwähnt, die die Fähigkeit haben, sich in Gestalt von unbelebten Objekten, eben einer Pflanze zum Beispiel, zu manifestieren. Es läßt sich dann nicht mit Sicherheit sagen, ob diese Blume ein lebendes Wesen ist oder nicht; man weiß ja nicht, ob sich in ihr ein Lebewesen manifestiert hat. Um darüber entscheiden zu können, müßte man allwissend sein!

Der Buddhismus legt sehr viel Wert auf den Schutz und die Erhaltung der Natur, der Bäume, Pflanzen, nicht weil diese lebende Wesen und deshalb Gegenstand des Mitgefühls wären, sondern weil die Natur für zahllose Lebewesen Zuflucht und Überlebensmöglichkeit bedeutet. Wenn man eine Stadt in Brand steckt, zerstört man damit die Wohnstatt von vielen Menschen. Ähnliches gilt für die Zerstörung der Natur: Den Tieren wird dadurch die Lebensgrundlage entzogen.

Was die mikroskopisch kleinen Tiere angeht, so enthält unser Körper nach buddhistischer Auffassung eine Vielzahl von ihnen, mehr als 80 000. Ab welcher Größe, ab welcher Entwicklungsstufe können diese winzigen Wesen als *Lebe*wesen bezeichnet werden? Ich weiß es nicht. Ich kann nur sagen, daß sie, so klein sie auch sein mögen, eine Art von Leben zu haben scheinen und also auch einen Geist.

Können Sie etwas über den Begriff des kollektiven Karma sagen, des Karma von Ländern wie Kambodscha oder Tibet?

Es ist denkbar, vom kollektiven Karma eines Volkes zu sprechen. Obwohl seine Folgen von einer Gruppe von Menschen gleichzeitig erfahren werden, bedeutet dies nicht, daß sie es alle zum selben Zeitpunkt angehäuft hätten. Ich glaube nicht, daß die Ursachen eines kollektiven Karma unbedingt zur selben Zeit geschaffen werden müssen, sondern daß sie vielmehr individuell in verschiedenen Epochen produziert wurden. Die Wirkkraft dieser früheren Taten kann dann, zusammen mit vielen anderen Faktoren, in einem kollektiven Karma zum Ausdruck kommen, das von einer Gruppe von Menschen oder von einer ganzen Nation geteilt wird.

Die Kriegsverbrecher eines Großteils sowohl der europäischen wie der asiatischen Länder, zum Beispiel Kambodscha und Vietnam, sind nicht zur Rechenschaft gezogen worden. Wie denken Sie darüber?

Es ist traurig zu sehen, wie sich in vielen Ländern, die vor kurzem erst ihre politische Freiheit errungen haben, Ressentiment und Vergeltungssucht breitmachen, obwohl man eher vergeben sollte. Für die jungen Demokratien ist dies nicht die Zeit für Rache und für das Begleichen alter Rechnungen, sondern der Augenblick, Staat und Gesellschaft neu aufzubauen. Ich habe dies bereits bei meinen

Besuchen in einigen dieser Länder zum Ausdruck gebracht.

Ich schätze und bewundere die Aktionen von Organisationen wie Amnesty International, die auf sehr wirksame Weise im Bereich der Menschenrechte tätig sind.

Sie sprechen davon, daß die äußere Abrüstung von einer inneren Abrüstung begleitet werden muß. Was bedeutet letztere angesichts des Hasses, mit dem man ständig konfrontiert ist? Sie haben auch einmal vorgeschlagen, eine internationale Armee aufzustellen. Wie würde diese, unter dem Prinzip der Gewaltlosigkeit, funktionieren? Wäre sie bewaffnet?

Jeder ist sich darüber im klaren, daß die Möglichkeit des Tötens gegeben ist, solange es Waffen gibt. Illegaler Waffenhandel und Rüstungsindustrie arbeiten da leider oft Hand in Hand, und solange militärische Institutionen weiterbestehen, wird es immer wieder zu blutigen Auseinandersetzungen kommen.

Aus diesem Grund ist eine, selbstverständlich stufenweise, Entmilitarisierung unbedingt notwendig. Der Anfang wird mit der atomaren Abrüstung gemacht, dann folgen die chemischen und biologischen Waffen und schließlich die konventionellen. Für diesen Prozeß müßte es eine internationale Kontrolle geben, die auch den Waffenhandel überprüft, dessen Repräsentanten manchmal die reinsten Verbrecher sind. Zur Überwachung der Abrüstung könnte eine kleine Truppe, eine Art internationaler Polizei, aufgestellt werden. Meine Hauptidee dabei ist, daß diese gemeinsamen Schutztruppen für die Aufrechterhaltung der Ordnung verantwortlich sein sollten. Dann könnte jeder ein Bodhisattva werden, wozu keinerlei Bewaffnung nötig ist! Doch das dürfte schwierig sein.

Vielleicht wissen manche nicht, was ich mit innerer Abrüstung meine: Ich halte den Haß für unseren schlimmsten Feind. Er ist der Feind des inneren Friedens, der Freundschaft, der Eintracht, die alle unentbehrlich sind für eine positive Entwicklung und eine bessere Welt. Man muß deshalb den Haß bekämpfen und Mitgefühl und Sympathie fördern. Das verstehe ich unter innerer Abrüstung.

Wie lautet Ihre Definition des Menschen?

Diese Frage bezieht sich auf die Realität der Welt der Phänomene, die mehrere Ebenen hat. Auf der höchsten Ebene gibt es keine wahre Existenz in dem, was wir Realität nennen. Doch auf etwas allgemeinere Weise gesprochen sage ich oft, daß der Kern des menschlichen Wesens Güte ist. Es gibt auch andere Qualitäten, die durch Erziehung und Bildung gewonnen werden, aber um ein wirklicher Mensch zu sein und um seinem Leben einen Sinn zu geben, ist es wesentlich, ein gutes Herz zu haben.

Worin besteht eigentlich das Glück, das mit dem Dharma verbunden ist? Ist es ein Gefühl?

Es gibt zweierlei Arten von Glück. Das eine ist ein angenehmes Gefühl oder eine erfreuliche Erfahrung. Das andere reicht weitaus tiefer, was die Befriedigung angeht. Wenn Sie über den Dharma nachdenken und ihn praktizieren, sammeln Sie dadurch Verdienst oder Tugend an, und alle Arten des Glücks und der Befriedigung sind die indirekten oder direkten Folgen von positivem, tugendhaftem Verhalten. Ist es nötig zu betonen, daß echtes spirituelles Engagement zu Ruhe und Gelassenheit führt?

Diese geistige Ruhe, dieser innere Friede ist nicht unbedingt als eine Empfindung im eigentlichen Sinne zu verstehen, kann aber ein körperliches Gefühl der Freude und des Glücks hervorrufen. Friede und Glückseligkeit des Nirvana gehören nicht zum Bereich der Emotionen, sie sind eher ein Zustand völligen Freiseins vom Leid und von den Fesseln, die uns auf das Rad der Wiedergeburten binden. Von daher ist dieser Glückszustand ein niemals mehr endender. Buddhaschaft wird mit den Begriffen der vollkommenen Freude, der absoluten Glückseligkeit umschrieben. Wenn wir der Frage noch weiter nachgehen, indem wir wissen wollen, worin denn die Natur dieser Glückseligkeit besteht, lautet die Antwort, daß sie unvorstellbar ist, unbegreifbar, unserem intellektuellen Fassungsvermögen entzogen.

Wie entwickelt man Mut, der doch ein sehr positiver geistiger Faktor ist?

Ganz ohne Zweifel ist Mut etwas Positives und Notwendiges. Wenn es Ihnen an Mut fehlt, versuchen Sie sich immer wieder zu sagen: «Ich werde mutig sein, ich werde mutig sein!» Wie sich Mut entwickeln läßt? Zuallererst müssen wir unsere Emotionen unterscheiden lernen und dabei jene entdecken, die unseren Geist schon beim kleinsten Anlaß in Aufruhr versetzen. Sie kennen diese Art von negativen Emotionen, sie entzünden sich an nichtigen, bedeutungslosen Vorkommnissen, und Ihr Geist verfällt ohne jeden vernünftigen Grund in Verwirrung und Aufregung.

Sie können Ihren Mut und Ihre moralische Kraft auch steigern, indem Sie über Liebe und Güte nachdenken. Sich zu fragen, wie man Mut entwickeln kann, ist ein ganz zentrales Moment unseres inneren Wachstumsprozesses! Ich glaube, behaupten zu können, daß Shantidevas *Bodhisattvacharyavattara* von der ersten bis zur letzten Zeile davon handelt, wie man Mut und Entschlossenheit entwickelt und fördert. Je nach Anlage, Mentalität und Intelligenz kann jeder in diesem Text die für ihn passende Technik finden. Wenn das Leben in Samsara Sie deprimiert und wenn Sie sich wirklich daraus befreien wollen, ist ein einfaches Warten auf diese Befreiung völlig wirkungslos. Die Zeit allein setzt dem Daseinskreislauf kein Ende, Sie müssen schon selbst die Initiative ergreifen und einen Schritt nach vorn machen. Nichts zu tun und nur zu warten und zu hoffen, daß Samsara vergehen möge, ist eine vergebliche und unsinnige Hoffnung.

Worin besteht der Unterschied zwischen Nicht-Anhaften und Gleichgültigkeit?

Der Unterschied ist groß. Gleichgültigkeit beinhaltet ein totales Desinteresse dem fraglichen Objekt gegenüber, während Nicht-Anhaften einen Aspekt des Betroffenseins aufweist.

Zur Klärung dieses Gedankens schauen wir uns an, was Anhaften heißt. Es gibt zwei Arten von Anhaften. Die eine erwächst aus einer Gesinnung, in der der Geist durch Begehrlichkeit oder andere negative Faktoren getrübt ist. Diese Form muß aufgegeben werden. Die andere Art, ein Sich-angezogen-Fühlen von Objekten des Mitgefühls – ein Angezogensein, dem keine negativen Emotionen und Gedanken zugrunde liegen –, muß vertieft und verstärkt werden.

In der Meditation über die Leerheit sind wir aufgerufen, unser Festhalten an der Vorstellung von einer tatsächlichen eigenständigen Existenz der Phänomene und Ereignisse zu lockern. Was uns nicht daran hindert, uns dessen bewußt zu bleiben, was gefördert und was vermieden werden sollte. So müssen wir unser Potential an heilsamen und positiven Qualitäten stärken und die Kraft unserer negativen und schädlichen Neigungen schwächen. In dieser Reihenfolge muß der Bodhisattva vorgehen, um jede Arroganz und Überheblichkeit in sich auszumerzen. Seine Bescheidenheit und Demut müssen so beschaffen sein, daß er allen anderen Wesen den Vorrang läßt, ohne daß dies sein außergewöhnliches Vertrauen und den bemerkenswerten Mut beeinträchtigt, die er beweist, indem er sich verpflichtet, alle Wesen vom Leiden zu befreien. Dieses Verhalten, dieses große Mitgefühl, das völlig frei ist von jeglicher Form negativen Anhaftens, hat mehr das Wohl der anderen im Sinn als das eigene Glück.

Wenn man seine Intelligenz nutzt und sich der spirituellen Praxis mit geeigneten Methoden und schöpferischen Fähigkeiten widmet, wird man den feinen Unterschied erkennen lernen zwischen dem, was als Funktion des Anhaftens unser Ego nährt, und den positiven Qualitäten, die dem Wohl der anderen dienen. Allein diese Verbindung von Weisheit und geeigneten Mitteln führt zur Entwicklung eines wirklichen Unterscheidungsvermögens.

Wenn ich vom Ego spreche, meine ich damit ein stark ausgeprägtes Ich-Bewußtsein. Dieses Ego interessiert sich wenig für die anderen und macht sich um ihr Wohlergehen keine Gedanken, es geht sogar so weit, ihr Wohl seinem eigenen Vorteil zu opfern. Eine eindeutig negative Gesinnung, die bekämpft werden sollte. Es gibt jedoch einen anderen Aspekt des Ego, der sich in großem Selbstvertrauen ausdrückt, in einer Art von fester Zuversicht, die uns sagen läßt: «Ich kann das schaffen. Ich bin imstande, für das Wohl anderer Wesen zu sorgen. Ich werde

Erleuchtung erlangen zum Wohl aller Wesen!» Dieses Denken darf nicht bekämpft werden. Ganz im Gegenteil, fördern Sie es, verstärken Sie es noch! Ihr Geist ist auf dem spirituellen Weg zwar entspannt, in der Tiefe jedoch ist er genügend wachsam, weise und selbstkritisch.

Worin besteht der Unterschied zwischen Wut und Haß?

Ich persönlich mache einen Unterschied zwischen diesen beiden Verstörungen des Geistes. Haß ist mit Groll und Rachsucht gegen einen anderen verbunden und kennt kein Mitgefühl. Wut ist eher eine unmittelbare, gefühlsmäßige Reaktion, die, im Kontext des Tantra, auf dem spirituellen Weg genutzt werden kann. Gelegentlich kann Wut auch aus Mitgefühl entstehen und zum Beispiel als Katalysator oder Motor für eine notwendige Aktion dienen.

Könnten Sie definieren, was ein Feind ist?

In dem Kapitel von Shantidevas *Bodhisattvacharyavattara* über Toleranz und Geduld wird ein Feind als jemand definiert, der unser Leben bedroht oder das unserer Freunde, unser oder ihr Hab und Gut usw. Auch der Freund unseres Feindes fällt unter diesen Begriff.

Die Praxis der Umwandlung des Denkens (tibet. *lodjong*), in der die Gleichheit zwischen einem selbst und den anderen hergestellt wird, führt die Idee ein, daß es keine Freunde und keine Feinde mehr gibt. Nicht daß ihr Vorhandensein geleugnet würde – Freunde und Feinde kann es geben –, diese Übung macht uns vielmehr klar, daß jeder Grund entfällt, jene zu hassen, die wir für unsere Feinde halten, sowie zu sehr an jemand zu hängen, weil es sich dabei um einen Freund oder Vater oder Mutter handelt. Aus einem bestimmten Blickwinkel gesehen ist jemand, der mir schadet, mein Feind. Ich kann ihn aber auch als meinen Freund betrachten, weil er mir die Gelegenheit gibt, Geduld zu üben und tolerantes Verhalten zu entwickeln. Aus dieser Sicht erscheint er nicht länger feindselig, sondern vielmehr unterstützend und hilfreich.

Wie soll man sich im Sinn der buddhistischen Lehre zum Krieg einstellen?

Das wichtigste ist, nicht zu töten. Der Gedanke, dazu ermächtigt zu sein, jemandem das Leben zu nehmen, muß vollständig aus unserem Geist verbannt werden.

II
Spiritualität und Politik

INNERER FRIEDE

Ich werde heute über inneren Frieden sprechen. Mir scheint, daß der tibetischen Kultur deshalb so große Bedeutung zukommt, weil sie die Entwicklung von innerem Frieden begünstigt. Vermutlich hat uns dies geholfen, während der extremen Schwierigkeiten, durch die unser Land gegangen ist, unseren Willen und unsere Hoffnung aufrechtzuerhalten. Dank dieser Eigenart unserer Kultur ist es uns gelungen, allen schweren Prüfungen zum Trotz unsere Heiterkeit und unseren inneren Frieden zu bewahren.

Ich habe viele Kontakte zu westlichen Wissenschaftlern, und vor kurzem sprach ich mit einigen über die weitverbreitete Frustration der Menschen von heute und die verschiedenen Möglichkeiten, diesem Gefühl entgegenzuwirken. Sie haben mir eine Menge Fragen gestellt über die psychische Gesundheit der Tibeter und waren höchst erstaunt zu hören, daß es ihnen allen traumatisierenden Erfahrungen zum Trotz gelingt, eine so stabile geistige Verfassung zu behalten. Dies wurde besonders bei jenen beobachtet, die lange Jahre in den Gefängnissen und Arbeitslagern der Chinesen verbracht haben. Der Abt des Namgyal-Klosters, der kürzlich nach Indien ins Exil kam, ist ein Beispiel hierfür. Er hat mir von seinen Erlebnissen und Erfahrungen berichtet. Als er in Händen der Chinesen war, empfand er es als größte Gefahr, das

Mitgefühl für seine Peiniger zu verlieren und er beschrieb mir, wie es ihm gelungen ist, dies zu verhindern. Ich fand das äußerst bemerkenswert und meinte scherzhaft zu ihm, daß sich sein Gesicht, trotz der langen Leidenszeit, kaum verändert habe. Obwohl er älter ist als ich, hat er weniger weiße Haare, und vor allem hat er sein herzliches Lachen nicht verloren. All dies ist, wie mir scheint, darauf zurückzuführen, daß er geprägt wurde durch die tibetische Kultur, die eine buddhistische Kultur ist.

Vielleicht kann auch meine eigene bescheidene Erfahrung als Beispiel dienen. Als Mönch wurde ich in der Philosophie, der Praxis und im Wissen des Buddhismus ausgebildet, jedoch in keiner Weise auf die Anforderungen des modernen Lebens vorbereitet. Ich habe mit sechzehn Jahren meine persönliche Freiheit aufgegeben und eine enorme Verantwortung übernommen, und als ich vierundzwanzig Jahre alt war, habe ich mein Land verloren. Seit vierunddreißig Jahren lebe ich als Flüchtling im Ausland, im Exil. Die ganze Zeit, da wir für die tibetische Gemeinschaft im Exil gearbeitet haben, mußte unser Land ununterbrochen Zerstörung und Leid erdulden! Trotz dieser Tragödie finde ich, daß es mir in punkto Frieden und Heiterkeit ganz gut geht!

Gelegentlich kommt es vor, daß Touristen aus Tibet oder von einem Besuch der Flüchtlingszentren in Indien mit dem Eindruck zurückkehren, daß es nicht stimmen kann, daß die Tibeter soviel Leid erfahren haben, da sie immer fröhlich sind und lächeln. Dieses Mißverständnis ist der einzige Nachteil unserer geistigen Haltung!

Wie lassen sich innerer Friede und heitere Gelassenheit entwickeln? Ich glaube, daß die menschliche Natur ihrem eigentlichen Wesen nach gut ist. Sicher sind auch Haß und Eifersucht ein Teil von uns, die dominierende Kraft aber scheint mir Warmherzigkeit und Wohlwollen zu sein.

Von der Geburt bis zum letzten Atemzug basiert unser Dasein auf menschlicher Zuwendung und Wärme. Es ist unübersehbar, daß Kinder, die im Schoß einer liebevollen Familie aufwachsen, sich leichter tun, ihre menschlichen Qualitäten zu entwickeln als solche, die in ihrer Kindheit Liebe und Mitgefühl vermissen mußten. Ihr Verhalten wird später viel eher von negativen Emotionen bestimmt sein und überall für Spannungen sorgen. Anwesenheit oder Abwesenheit von Liebe und Mitgefühl in einer Familie haben also sichtbare Auswirkungen. Die medizinische Wissenschaft ist der Ansicht, daß innere Ausgeglichenheit eine wichtige Voraussetzung für die Gesundheit des einzelnen ist. Die physische Zuwendung, Körperkontakt mit der Mutter oder einer anderen Bezugsperson, spielt übrigens eine entscheidende Rolle bei der Entwicklung des kindlichen Gehirns.

Wir alle haben schon die Erfahrung gemacht, daß es uns dann, wenn wir guter Dinge sind und die Umwelt in einem freundlichen Licht sehen, leichter fällt, eine Widrigkeit oder eine schlechte Nachricht zu akzeptieren. Ist unser Geist jedoch unruhig, frustriert und verstört, kann schon ein unbedeutender Vorfall den Ausbruch negativer Emotionen provozieren. Lassen wir uns dann von diesen negativen Emotionen mehr und mehr beherrschen, verlieren wir unseren Appetit, unseren guten Schlaf und laufen Gefahr, unserer Gesundheit zu schaden und damit möglicherweise unser Leben zu verkürzen. Geistige Ruhe und innere Ausgeglichenheit sind also ein wahrer Segen.

Ich habe den Eindruck, daß man in der westlichen Welt mehr Wert auf die *Aktion* legt als auf die *Motivation*. In meinen Augen ist die Motivation wichtiger, denn ohne das dahinterstehende Motiv zu kennen, ist es manchmal schwierig, den Wert einer Tat einzuschätzen. Motivation ist der Antrieb des Lebens, der Motor allen Tuns. Ihr

Wirkungsbereich ist die Ebene des Denkens, und Gedanken und Emotionen sind entweder positiv oder negativ. Man muß sie voneinander unterscheiden lernen und sich dann bemühen, positive Gedanken zu fördern und die negativen auszuschalten. Auf diese Weise entwickelt sich innerer Friede. Heilsame Gedanken und unheilsame Gedanken auseinanderhalten zu können: Dies macht den Unterschied!

Normalerweise sind wir uns unserer Gedanken und Emotionen nicht wirklich bewußt. Wir nehmen einfach an, daß sie zu uns gehören. Wenn ein Problem auftaucht oder Gefahr droht, scheinen Wut und Haß uns zu schützen und uns zusätzliche Energie zu verleihen. Das Anhaften hingegen schleicht sich unbemerkt ein, wir betrachten es als eine Art von bequemem, altem Freund. Doch dieser alte Freund ist hinterhältig und wird uns am Ende in die falsche Richtung führen. Manche der negativen Emotionen, wie Wut oder Angst, zeigen sofort ihr wahres Gesicht. Bei anderen, wie eben dem Anhaften, werden die negativen Auswirkungen erst sehr viel später sichtbar. Haben wir das, was die negative Einstellung kennzeichnet, einmal erkannt und die Auswirkung festgestellt, können wir uns davor in acht nehmen.

Wir beginnen also damit, uns von negativen Gedanken zu distanzieren und ihr Gegenteil, das heißt Mitgefühl, Verzeihen und Anteilnahme, zu fördern. Auf diese Weise stärken wir schrittweise die Kraft der positiven Emotionen und schwächen gleichzeitig die negativen. Auch wenn letztere weiterhin auftreten, so sind sie doch flüchtiger und berühren unseren Geist nicht mehr allzu stark. Um sich ihrer endgültig zu entledigen, ist es manchmal besser, Haß und Ressentiment, die auf bestimmte Ereignisse in der Vergangenheit zielen, herauszulassen und auszudrücken. Im allgemeinen aber führt das Herauslassen von Haß und anderen negativen Emotionen dazu, daß man sich dies angewöhnt und es in der Folge immer öfter zu Haßausbrüchen kommt. Ich halte es aus diesem Grund für eher nützlich, sich eine gewisse Disziplin aufzuerlegen, um den eigenen Geist zu zähmen. Wenn sie nicht von außen kommt, sondern unsere eigene Intelligenz uns dazu führt, werden wir sie akzeptieren.

Ein Kernpunkt in diesem Geistestraining ist der Faktor Zeit. Man darf nicht erwarten, daß sich eine Wandlung in wenigen Minuten oder Wochen vollzieht. Eine derartige Einstellung ist unrealistisch. Wandlung braucht Zeit, manchmal vergehen Jahre, vielleicht sogar Jahrzehnte. Doch wenn wir an unserem Ziel festhalten und an den Mitteln, die uns dahin führen, werden wir auf jeden Fall Fortschritte machen.

Wie kann man Haß und Wut schwächen? Wut kann manchmal auch positiv sein, nämlich dann, wenn sie von Mitgefühl motiviert sind, während Haß stets negativ ist. Wir müssen uns über seine Gefährlichkeit im klaren sein. Wie ich bereits sagte, läßt der Haß uns unsere Gesundheit verlieren und unsere Freunde, um schließlich unser ganzes Leben zu verpfuschen. Die negativen Emotionen schaffen Probleme auf jeder Ebene – auf persönlicher, familiärer, gesellschaftlicher, nationaler und selbst auf internationaler. Wie die Geschichte der Menschheit zeigt, waren jene, die unglaubliches Leid über andere gebracht haben, meist von Habgier und grenzenlosem Haß getrieben – in manchen Fällen war es auch einfach nur Unwissenheit. Dies soll nicht heißen, daß solche Wesen grundsätzlich böse sind, immerhin sind es *menschliche* Wesen. Nur haben sie ihren Geist völlig von negativen Emotionen beherrschen lassen und sind auf diese Weise schließlich zu Massenmördern geworden.

Die Geschichte der Menschheit liefert aber ebenso

Beispiele für Heldentaten und große Erfolge von Menschen, die von Altruismus beseelt und in Frieden mit sich selbst waren. Die meisten der großen Musiker und Künstler besitzen diesen inneren Frieden. Gewiß gibt es Ausnahmen, aber im allgemeinen kann man sagen, daß das Werk eines Künstlers aus jener inneren Ruhe hervorgeht, die das Ausdrücken tiefster Empfindungen überhaupt erst möglich macht. Auf diese Weise verschafft der Künstler anderen Glück und Inspiration. Wir könnten als Beispiel auch Mahatma Gandhi heranziehen. Er war ein wunderbarer Mensch von großer Selbstdisziplin und äußerster Genügsamkeit. Trotz seiner westlichen Erziehung und obwohl er die Annehmlichkeiten und Möglichkeiten eines Lebens im Westen aus eigener Erfahrung kannte, zog er es vor, in Indien ein sehr einfaches Leben – fast das eines Bettlers – zu führen. Dies spiegelt seine Selbstdisziplin und seinen Altruismus wider. Ich glaube, daß alles, was Menschen an Gutem realisiert haben, auf die positiven Emotionen in unserem Geist zurückzuführen ist.

Meine eigenen Erfahrungen und die Erfahrungen von anderen Menschen haben mir deutlich gemacht, wie sehr diese positive geistige Einstellung zu unserem Glück und zu dem Glück anderer beiträgt und wie destruktiv sich eine negative Einstellung auswirkt. Nachdem ich dies festgestellt habe, bin ich es mir geradezu schuldig, mich mit allen Kräften um die Entwicklung meines Geistes zu bemühen.

Menschen sind soziale Wesen, man hat Freunde und man hat Gegner – obwohl es natürlich besser wäre, nur Freunde zu haben. Freunde oder Feinde existieren jedoch nicht als solche. Freundschaft oder Feindschaft ist etwas, was sich aus verschiedenen Faktoren ergibt, worunter der ausschlaggebende unsere eigene geistige Einstellung ist.

Wenn wir uns den Menschen öffnen und bereit sind, ihnen Freundschaft und Zuneigung entgegenzubringen, fördern wir eine gute Atmosphäre, und die anderen gehen unwillkürlich mit einem Lächeln auf uns zu, das nicht künstlich und verkrampft ist, sondern echt. Wenn wir jedoch voller negativer Absichten und Gedanken sind, wenn wir die Rechte und Wünsche der anderen nicht berücksichtigen, kurz, wenn wir nur an uns selbst denken und andere lediglich benutzen wollen, schafft dies ein ungutes Klima. Selbst unsere Eltern werden dann allmählich auf Distanz zu uns gehen. Freunde und Feinde sind also eindeutig Produkte unserer eigenen Haltung.

Manch einer denkt, daß Geld Freunde schafft. Das ist zu bezweifeln – vor allem schafft es auch Feinde! Außerdem müssen wir uns immer fragen, ob die, die uns mit einem breiten Lächeln empfangen, *unsere* Freunde sind oder nur die Freunde unseres *Geldes*?

Solange wir welches haben, läuft alles bestens, sie sind immer bereit, eine Flasche Champagner mit uns zu leeren. Sollten unsere Mittel aber knapper werden, verschwindet wie durch Zauberei ein Freund nach dem anderen. Wenn man sie anruft, sind sie nicht zu Hause oder ihre Antwort fällt ziemlich kurz aus. Geld und materielle Güter sind gewiß nützlich, aber nicht wesentlich. Den wahren Reichtum finden wir in unserem Innern.

Mitgefühl, die Bereitschaft zu verzeihen, Hoffnung und Ausdauer sind Tugenden, die in allen großen Religionen entwickelt und gefördert werden. Ihren Wert kann man auch, wenn man nicht gläubig ist, erkennen und akzeptieren. Die großen Weltreligionen haben im Kern alle die gleiche Botschaft und fördern die gleichen menschlichen Qualitäten, was sie unterscheidet, sind lediglich die Dogmen. Auf dieser Basis könnte sich die

Botschaft von Liebe und Mitgefühl über die ganze Welt ausbreiten, wenn alle, die einem spirituellen Weg folgen, in Harmonie und gegenseitigem Respekt zusammenarbeiten. Wenn sich jedoch jene, die diese Qualitäten bejahen, untereinander streiten und kritisieren, sollen sie dann diese Botschaft anderen vermitteln können? Die Menschen werden mit Ironie reagieren: Schaut sie euch an! Wo bleiben da Toleranz und gegenseitige Achtung? Sie können sich ja nicht einmal untereinander verständigen! Um der Menschheit wirklich dienen zu können, müssen zuallererst wir, die Betroffenen, in der Öffentlichkeit ein Vorbild des gegenseitigen Respekts und der Harmonie abgeben. Die Unterschiede mögen aus der Ferne betrachtet enorm erscheinen, doch wenn wir uns näherkommen und unsere Erfahrungen austauschen, werden wir erkennen, daß eine Verständigung, allen dogmatischen Gegensätzen zum Trotz durchaus möglich ist und wir gemeinsam die positiven Seiten des menschlichen Lebens fördern können. Gute Beziehungen zwischen den verschiedenen Religionsgemeinschaften sind deshalb von allergrößter Bedeutung, und es gibt erfreulicherweise Schritte in Richtung einer gegenseitigen Annäherung, die ermutigend sind.

FRAGEN

Ich habe vor kurzem einen Bericht gesehen über das Martyrium eines tibetischen Mönchs, der mehr als 33 Jahre im Gefängnis verbracht hat, davon 9 Jahre, in denen er den schlimmsten Folterungen ausgesetzt war, unter deren Folgen er bis heute leidet. Was ist angesichts dieses Schicksals von innerem Frieden zu halten, der doch auch Passivität bedeutet? Sind hier nicht eher Empörung und Handeln angebracht?

Man darf vor allem nicht gleichgültig bleiben, man muß mit Gefühlen reagieren, aber, wenn ich so sagen darf, mit nützlichen Gefühlen. Die Emotionen dürfen einen nicht überwältigen und vor allem nicht lähmen.

Haben Sie trotz der schrecklichen Prüfungen, die Ihnen und Ihrem Volk auferlegt wurden und nach wie vor werden, noch ein Auge für Gärten? Betrachten Sie sie als ein Zeichen von Zivilisation? Welche Botschaft geht Ihrer Meinung nach von einer Landschaft aus? Können Gärten und Landschaften dazu beitragen, inneren Frieden zu finden, den Weg der Weisheit zu entdecken und anzunehmen?

Ich glaube in der Tat, daß der Anblick einer Landschaft oder ein Spaziergang, bei dem man frische Luft atmet und den Stimmen der Vögel lauscht, uns vorübergehend inneren Frieden verschaffen kann, besonders dann, wenn unser Geist aufgewühlt ist. Wir sind eben all unserem Wissen und unseren Fähigkeiten zum Trotz ein Teil der Natur, sind ihre Kinder. Unsere Vorfahren lebten vor Tausenden von Jahren noch ganz mit der Natur verbunden, und wir, davon geprägt, umgeben uns gern mit Möbeln aus Holz und freuen uns an Grünpflanzen. Damals standen die Bäume im Mittelpunkt unseres Lebens. Ihre Blüten schmückten und ihre Früchte ernährten uns. Ihre Blätter und Fasern kleideten und schützten uns. Wir retteten uns vor wilden Tieren in ihre Äste. Ihr Holz verschaffte uns Wärme, wir machten Stöcke für unsere alten Tage daraus und Waffen, um uns zu verteidigen. Die Bäume waren Teil unseres Daseins. Heutzutage, in unseren modernen Büros sitzend, umgeben von hochspezialisierten Maschinen und Computern, vergessen wir das leicht. Es ist verständlich, daß wir versuchen, mit Hilfe von Wissenschaft und Technik die Qualität unseres Lebens zu verbessern. Gleichzeitig ist es aber auch wichtig, die Grenzen eines solchen Fortschritts zu sehen und zu akzeptieren, daß wir immer von der Natur abhängig bleiben werden. Sollten sich radikale Veränderungen in unserer natürlichen Umwelt vollziehen, wären wir schutzlos. Wir müssen also mit unserem Denken und unserem Tun dem «Weg der Mitte» folgen.

In unserem westlichen Denken findet oft eine Verwechslung statt zwischen Verdrängen und dem Wunsch nach innerem Frieden. Die Kunst der Verdrängung besteht darin, alles, was uns Probleme verursacht, in einen dunklen Winkel unseres Innern abzuschieben, in der Hoffnung, es zu vergessen und sich nicht damit auseinandersetzen zu müssen. Was denken Sie darüber?

Mir scheint, ich habe dieses Thema schon angeschnitten, als ich davon sprach, daß es in bestimmten Fällen nicht notwendigerweise negativ sein muß, seinen Emotionen Ausdruck zu verleihen, um sie schneller loszuwerden. Dies gilt besonders für die Angst. Ich glaube aber, daß darin auch eine gewisse Gefahr liegen kann. Wenn wir nämlich aus Mangel an innerer Disziplin alle Emotionen, die in uns auftauchen, herauslassen, unter dem Vorwand, sie ausdrücken zu müssen, könnte dies zu einem ziemlichen Mißbrauch führen. Wir könnten dann sogar mit dem Gesetz in Konflikt kommen. Wir sind also, ob auf gesellschaftlicher oder individueller Ebene, auf eine gewisse innere Disziplin angewiesen, die unserem Denken eine konstruktive Richtung gibt, denn die menschlichen Gefühle kennen keine Grenzen, die Kraft der negativen Emotionen ist unbeschränkt.

Ich glaube nicht, daß es sich dabei um ein Verdrängen handelt, sondern im Gegenteil um einen sehr positiven

Vorgang. Ein Beispiel: Wir lernen und studieren, um unsere Unwissenheit Schritt für Schritt zu beseitigen. Dies fällt uns manchmal schwer, und die Lust weiterzumachen kann uns vergehen. Wir sind uns aber der Vorteile des Wissenszuwachses bewußt, legen uns einen gewissen Zwang auf und setzen unsere Bemühungen fort. Durch diesen Vorgang des Lernens erweitern wir unser Wissen und verdrängen nicht etwa unsere Unwissenheit!

ETHIK UND GESELLSCHAFT

Heute wollen wir von der Ethik in der Gesellschaft sprechen, das heißt von ehrlichem und anständigem Verhalten. Ich unterscheide zwei Arten von Ethik, die ich im folgenden erläutern werde. Eine, die an Religion, an Spiritualität gebunden ist, und eine andere, die es nicht ist. Obgleich moralisch einwandfreies Verhalten meist mit einer spirituellen inneren Ausrichtung Hand in Hand geht, glaube ich an die Echtheit jeder Ethik, die das eigene Wohl sowie das der anderen im Auge hat. Wir können ein Verhalten als unmoralisch oder inkorrekt bezeichnen, wenn es anderen schadet. Außerdem müssen die unmittelbaren oder vorübergehenden Auswirkungen dieses Verhaltens von den bleibenden Folgen unterschieden werden. Eine Tat kann nämlich im Moment durchaus nützlich aussehen, sich aber auf lange Sicht als negativ herausstellen, und umgekehrt kann eine Handlung zwar im Augenblick ungeschickt wirken, später aber zu ausgesprochen positiven Resultaten führen. Und nur das letztendliche Ergebnis zählt. Wir sprechen also von Moral oder Ethik, wenn es darum geht, sich anderen gegenüber positiv zu verhalten. Sogar manche Tiere, die als Gemeinschaftswesen leben, benehmen sich ihren Artgenossen gegenüber altruistisch – im Rahmen ihrer Möglichkeiten natürlich. Es gibt also auch bei Tieren, die doch keine Gesetze, keine Religion, keine Verfassung kennen, Verhaltensweisen, die sich als positiv oder negativ qualifizieren lassen. Wenn es also sogar bei Tieren eine gewisse Moral gibt, um wieviel mehr dann bei den Menschen, ob sie nun gläubig sind oder nicht!

Ob ein Verhalten gut oder schlecht, heilsam oder schädlich ist, wird grundsätzlich von der dahinterstehenden Motivation bestimmt. Ein etwas heftiges, energisches Vorgehen könnte dann gerechtfertigt sein, wenn es aus einem einwandfreien Motiv heraus geschieht und wenn etwas Gutes für andere daraus resultiert. In gleicher Weise können sich hinter einem scheinbar sanften Vorgehen ausgesprochen bösartige Absichten verbergen. Ich nenne ein Verhalten gut, wenn es bestimmt ist von Altruismus, von dem Wunsch, Positives für andere zu bewirken; und schlecht, wenn dahinter Böswilligkeit steckt, der Wunsch, anderen Schaden zuzufügen. Übrigens haben Tiere ein gutes Gespür für unser Verhalten. Wenn wir uns einem Hund mit arglistigen Hintergedanken nähern, fühlt er das. Gehen wir offen und freundlich auf ihn zu, merkt er dies ebenfalls und wird uns entsprechend freudig begrüßen. Ich glaube, daß wir alle in unserem tiefsten Innern Aufrichtigkeit und Wohlwollen schätzen, da jeder von uns nach Glück und Zufriedenheit strebt und Leid vermeiden möchte. Und mehr noch: Alle Menschen haben das gleiche Recht, ihr Glück zu realisieren und ihrem Leiden ein Ende zu setzen. Ich betone oft, daß es meine tiefste Überzeugung ist, daß der Sinn, das Ziel der menschlichen Existenz darin besteht, einen Zustand der Fülle und des Glücks zu erreichen. Leben die Menschen, obwohl sie keinerlei Gewißheit darüber haben, was die Zukunft für sie bereithält, nicht in der unausgesprochenen Hoffnung, daß alles gutgehen wird? In dem Moment, in dem man die Hoffnung verliert, gerät man in Gefahr, Selbstmord zu begehen oder aber, völlig entmutigt, sein Leben zu ruinieren. Es ist nicht möglich, das eigene Leben erfolgreich zu gestalten, wenn man verzagt und ohne Hoffnung ist. Wenn es uns hingegen gelingt, unsere Zuversicht zu bewahren, werden wir in der Lage sein, mit allen Schwierigkeiten fertig zu werden. Aus all diesen Gründen meine ich, behaupten zu können, daß das Streben nach Glück unser Lebensziel ist.

Geistiges Glück scheint mir dabei wichtiger, kraftvoller zu sein als physisches Glück. Wo sind die Ursachen für Glück und Leid unseres Geistes zu suchen? Vor allem in unseren Beziehungen. Sind uns die Menschen in unserer Umgebung freundlich gesonnen, bringen sie uns Wohlwollen und Freundschaft entgegen, tut das unserem Geist gut und macht ihn glücklich. Dagegen tut es uns weh, mit der Böswilligkeit und Grausamkeit anderer konfrontiert zu werden. Unserem Geist geht es besser, wenn wir liebevolle Zuwendung erfahren, was automatisch auch zu einem gewissen körperlichen Wohlbehagen führt. Je stärker das geistige Glücksgefühl ist, desto größer wird das physische Wohlergehen sein. Deshalb sind Warmherzigkeit, Liebe und Freundlichkeit im Leben eines Menschen so wichtig und kostbar.

Es gibt unzählige berufliche Tätigkeiten, die heilsam sein können, wenn die Motivation, mit der sie ausgeübt werden, positiv ist. Welcher Weg auch eingeschlagen wird – wenn dabei die Absicht dahintersteht, sich nützlich zu machen, wird meist Segen darauf liegen. Während Aktivitäten, die allgemein als positiv gelten, wie beispielsweise das Praktizieren einer Religion, immensen Schaden anrichten können, wenn sie nicht von dem Willen, anderen zu helfen, getragen sind. Selbst eine begrenzte militärische Intervention, die aus wirklich positiven und altruistischen Motiven durchgeführt wird, könnte sich so gesehen am Ende als durchaus konstruktiv erweisen.

Die großen Fortschritte in der technischen Entwicklung und der wachsende materielle Wohlstand haben eine zunehmende Mechanisierung unseres Lebens und ein Überhandnehmen von Maschinen am Arbeitsplatz und zu Hause zur Folge, was zu einem Verlust der menschlichen Werte führt. Einer weitverbreiteten Ansicht nach ist Wohlstand eine notwendige Voraussetzung für Glück und Zufriedenheit. Doch wenn wir das Leben eines Menschen, der zwar in bescheidenen Verhältnissen, aber in einer Atmosphäre der Liebe und Geborgenheit aufwächst, mit dem eines anderen vergleichen, der vielleicht sehr reich, aber von lieblosen, schwierigen Menschen umgeben ist, wird uns schnell klar, wer wohl der Glücklichere sein mag.

Zweifellos kann der materielle Komfort, den wir uns leisten, zu unserem physischen Wohlbefinden beitragen, aber die Voraussetzung für wahres Glück und wahre Zufriedenheit müssen wir selbst in unserem Innern schaffen.

Ich glaube, daß Liebe und Zuneigung zu den ursprünglichen Qualitäten des Menschen gehören. Wenn wir uns konträr verhalten, handeln wir gegen unsere tiefste Natur, was uns schlecht bekommt. Natürlich sind Haß, Neid und Böswilligkeit ebenfalls Facetten unseres Wesens, das lehrt uns die Geschichte der Menschheit zur Genüge, und manche behaupten deshalb, die menschliche Natur sei im Grunde böse und gewalttätig. Ein Standpunkt, der gewiß nicht ganz ungerechtfertigt ist, den ich aber dennoch nicht teile. Ich halte trotz allem die Liebe für die uns bestimmende Kraft.

Wie ist Liebe zu definieren? Liebe ist der Wunsch, jene

glücklich zu sehen, die unglücklich sind. Für jene, die leiden, empfinden wir Mitgefühl: den Wunsch, sie von ihren Leiden befreit zu sehen. Üblicherweise fühlt man Zuneigung und Liebe für seine Nächsten und Freunde, weniger für Fremde und für die, die uns Schaden zufügen, schon gar nicht! Dies beweist, daß die Liebe zu den uns Nahestehenden stark von Anhaften und Begehren bestimmt und folglich nicht unvoreingenommen ist. Wahre Liebe beschränkt sich nicht nur auf unsere Freunde. Sie erstreckt sich auf alle Wesen, denn sie basiert auf der Erkenntnis, daß diese gleich uns Glück erlangen und Leid vermeiden möchten und daß sie auch ein Recht darauf haben, dieses Ziel anzustreben. Dadurch wird die Liebe unparteiisch und bezieht alle, Freunde und Feinde, ausnahmslos mit ein.

Wenn wir von Mitgefühl sprechen, so sollte dieses nicht mit einem huldvollen Mitleid verwechselt werden. Mitgefühl wünscht sich ein Ende des Leids der anderen, für die man sich verantwortlich fühlt. Dieses Gefühl der Verantwortung gibt uns die Kraft, Mittel und Wege zur Lösung der Probleme zu finden. Echte Nächstenliebe bedeutet gleichzeitig Mut und Zuversicht. In dem Maß, wie unser Mut wächst, verringert sich die Angst, deshalb wird der Altruismus zu einer Quelle innerer Stärke. Je mehr Liebe wir entwickeln, desto mehr Selbstvertrauen gewinnen wir, wir werden gelassene, heitere und mutige Menschen!

Der Gegensatz zu Liebe ist Gehässigkeit. Sie ist die Wurzel allen Übels. Wie könnte man in diesem Sinn den Begriff des Feindes definieren? Ein Feind ist im allgemeinen jemand, der unserem Körper schaden möchte, unserem Besitz oder denen, die uns lieb sind, mit einem Wort, jemand, der sich unserem Glück und unserer Zufriedenheit entgegenstellt. Wenn er das, was uns gehört, und unsere Freunde, unsere Familie angreift, vergeht er sich an dem, was wir für die Quelle unseres Glücks halten. Doch ist sie das wirklich? Letzten Endes ist es der innere Friede, der uns glücklich macht – und unglücklich, wenn wir ihn verlieren. Der Feind, der ihn vernichten kann, kommt nicht von außen. Es sind Wut, Haß und Bosheit, die, sowie sie in uns aufsteigen, unseren inneren Frieden und damit unser Glück zerstören. Hier also ist der eigentliche Feind zu suchen. Wer wirklich innerlich ausgeglichen ist, wird selbst in schwierigen Situationen, in denen sich alles seinem Glücklichsein widersetzt, gelassen und ruhig bleiben. Während jemand, in dessen Geist die destruktiven Kräfte der Feindseligkeit, des Hasses und der Eifersucht wüten, immer unglücklich sein wird, selbst unter den allerbesten äußeren Bedingungen.

Alle Hochreligionen haben, wie ich meine, das gemeinsame Ziel, das grundlegend Gute der menschlichen Natur zum Vorschein zu bringen und es mit Hilfe der verschiedensten Mittel und Übungen, die auf den entsprechenden philosophischen Anschauungen beruhen, zu fördern. Bei den monotheistischen Religionen, wie Christentum, Judentum und Islam, steht der Glaube an einen Schöpfergott im Mittelpunkt. Es wird gelehrt, Gott zu lieben und gemäß dem Willen Gottes unseren Nächsten. Einander zu lieben ist hier also ein ganz wesentliches Ziel.

Im Christentum kennt man die Vorstellung der Reinkarnation, der Wiedergeburt, nicht. In einem Gespräch mit einem christlichen Freund sagte ich einmal, ich sähe keine Unvereinbarkeit der Reinkarnationslehre mit der christlichen Theologie. Seine Antwort war, daß die Idee der Reinkarnation in gewisser Weise eine Distanz zu Gott, dem Schöpfer, herstelle. Während der Glaube, daß Gott uns geschaffen hat und daß unsere Existenz nur dieses eine Leben lang währt, eine viel größere Innigkeit und Dringlichkeit der Beziehung zu ihm bewirke. Eine auf ihre Weise logische und bedenkenswerte Erklärung, wie ich meine.

Religionen wie der Buddhismus oder der Jainismus kennen keinen Schöpfergott, jeder Mensch wird als Herr seines eigenen Schicksals betrachtet. Es liegt an uns selbst und an niemand anderem, die Bedingungen für unser Glück zu schaffen. Anderen zu schaden, hat Leiden zur Folge, ihnen zu helfen, Glück. Mit diesem Gesetz von Ursache und Wirkung wird hier die Notwendigkeit, sich wohlmeinend zu verhalten, erklärt.

In welcher Beziehung stehen Ethik und Religion zueinander? Wer einem spirituellen Weg folgt, stützt sich auf eine Ethik, die darin besteht, anderen keinen Schaden zuzufügen, sondern vielmehr für ihr Wohl zu wirken. Je nach den betreffenden religiösen Anschauungen wird sie als der Wille Gottes erklärt oder als Segen der Drei Juwele (Buddha, seine Lehren und die Gemeinschaft derer, die sie praktizieren). Indem wir moralische Regeln beachten, beenden wir nach und nach den Daseinskreislauf. Ich glaube, daß es eine universelle Ethik gibt, die Ausgangspunkt aller verschiedenen Wege ist und, unabhängig von einer bestimmten Religion, innerhalb jeder Tradition unserer Wahl weiterentwickelt werden kann. Es wäre zu wünschen, daß den großen Religionen, trotz ihrer unterschiedlichen philosophischen Anschauungen, die weitreichende Bedeutung einer gemeinsamen Ethik klar würde.

Es liegt nahe, die Notwendigkeit einer solchen Vielfalt von spirituellen Wegen in Frage zu stellen, wenn sie sich doch alle im Kern ähneln. Würde nicht eine einzige Religion genügen? Ich vergleiche manchmal die Notwendigkeit des Vorhandenseins unterschiedlicher Religionen mit unseren Eßgewohnheiten. Die Geschmäcker sind verschieden, manche mögen diese Speise, jenes Gewürz, einige ziehen die französische Küche vor, andere die chinesische. Aus diesem Grund bieten Restaurants stets eine Auswahl verschiedener Gerichte an.

Was nun die Nahrung für den Geist angeht, so verhält es sich damit ganz ähnlich. Um den unterschiedlichen Bedürfnissen der Wesen entsprechen zu können und ihre verschiedenen Bestrebungen und Neigungen zu befriedigen, bedarf es eines großen Angebots an Philosophien, Religionen und spirituellen Traditionen. Je mehr spirituelle Wege es also gibt, desto besser! Und da eine universelle Ethik ein gutes Fundament abgibt, könnten sie alle in Harmonie nebeneinander bestehen. Es genügte, daß die Anhänger der verschiedenen Richtungen sich besser kennenlernten und daß sie aus dem, was die anderen Religionen lehren, Nutzen für ihre eigene Praxis zögen. Auf dieseWeise würden sie den Wert anderer Traditionen schätzen lernen, was automatisch zu mehr gegenseitigem Respekt führen würde.

Als ich noch in Tibet lebte, war ich – mangels wirklicher Kontakte zu Vertretern anderer Religionen und obwohl es eine tibetische Übersetzung der Bibel gab – der festen Überzeugung, daß der Buddhismus der beste aller Wege sei, und ich sagte mir, wie wundervoll es doch wäre, wenn alle Wesen so denken würden. Später dann habe ich auf meinen Reisen durch die Welt Menschen der verschiedensten Glaubensrichtungen kennengelernt, die von einer tiefen Erfahrung ihres Weges geprägt waren und ihr Leben entweder der Kontemplation oder dem Dienst an anderen geweiht hatten. Der persönliche Kontakt und der geistige Austausch mit ihnen haben mich dazu geführt, den großen Wert ihrer Religionen zu entdecken und diese zutiefst zu achten. Zweifellos bleibt der Buddhismus für mich der kostbarste aller Wege, weil er meinem Wesen am meisten entspricht. Das heißt aber nicht, daß ich glaube, er wäre für die ganze Welt der beste Weg. Diese Art von Erfahrung, von der ich eben sprach, öffnet den Geist und ist für den, der sie gemacht hat, von großem Nutzen.

Ich möchte nochmal wiederholen, daß es meiner Meinung nach für das Wohlergehen aller unerläßlich ist, daß die verschiedenen Religionen lernen, in Harmonie und gegenseitiger Achtung zu koexistieren. Es ist zutiefst beklagenswert, mit ansehen zu müssen, wie sich Menschen im Namen der Religion gegenseitig zerfleischen.

Stellen wir uns zum Schluß noch einige Fragen! Wenn es stimmt, daß Güte die grundlegende Natur des Menschen ist, und wenn es stimmt, daß es genügt, Nächstenliebe zu üben, um Frieden herbeizuführen, warum haben sich die Menschen dann Tausende von Jahren hindurch gegenseitig nichts als Schwierigkeiten gemacht? Kann man wirklich glauben, daß es unter diesen Umständen möglich ist, universelle Liebe zu entwickeln? Kann man von den verschiedenen Religionen wirklich gegenseitigen Respekt erhoffen, wo sie sich doch im Laufe der Geschichte, ihren vielen Gemeinsamkeiten zum Trotz, so oft bekriegt haben? Ja, ich glaube, daß dies möglich ist, weil die Umstände sich geändert haben. In früheren Zeiten hat man zwar Werte wie Altruismus und Verantwortung für das Wohl der anderen anerkannt, aber nicht unbedingt deren Nützlichkeit eingesehen. Heute sind wir aufgrund des raschen Informationsaustausches auf dem laufenden über das, was weit weg von uns geschieht, und fühlen uns deshalb viel stärker davon betroffen. Das führt zu mehr Solidarität unter den Völkern. Ich bin überzeugt, daß wir zu einer größeren Harmonie in der Welt gelangen können, sofern wir uns wirklich darum bemühen.

FRAGEN

Wo ist die Grenze für Mitgefühl und Toleranz?

Ich glaube, daß unserem Mitgefühl keine Grenzen gesetzt sind – warum auch? Ich nehme an, daß mit der Frage gemeint ist, ob wir einem Angreifer gegenüber reagieren und handeln sollen. Ja, man kann reagieren und dabei gleichzeitig Mitgefühl empfinden für den, der uns angreift. Mit dieser Gesinnung werden wir viel wirksamere Maßnahmen ergreifen können. Denn wenn unser Mitgefühl verschwindet und unser Geist voller Haß und Wut ist, können wir nicht mehr klar denken, und unser Handeln wird möglicherweise unter dem Einfluß dieser negativen Emotionen wenig ausrichten. Wir müssen auch einen Unterschied machen zwischen Wut und Haß. Haß ist immer sinnlos, während Wut unter gewissen Umständen ganz nützlich sein kann. Von Mitgefühl motiviert, sorgt Wut für ein rasches Handeln und kann so positiv werden.

Worin besteht der Unterschied zwischen Geduld und Unterwerfung?

Echte Geduld wäre, auf Unrecht, das man uns antut, nicht zu reagieren, obwohl wir ohne weiteres Böses mit Bösem vergelten könnten. Sich voll unterdrücktem Haß zu unterwerfen, weil man unfähig ist, sich in angemessener Weise zur Wehr zu setzen, hat nichts mit Geduld zu tun.

90

Gibt es weibliche Buddhas?

Selbstverständlich. Arya Tara zum Beispiel, die den Erleuchtungsgeist, das heißt das Streben, Buddhaschaft zum Wohl der anderen zu erreichen, zum ersten Mal als Frau in sich erweckte und dabei den folgenden Wunsch formulierte: Da so viele Wesen in Gestalt eines Mannes den Zustand der Erleuchtung erlangt haben und nur wenige als Frau, möge ich, die ich als Frau Bodhichitta in mir erzeugt habe, den gesamten Weg zum Erwachen in Gestalt einer Frau zurücklegen und ein weiblicher Buddha werden. Man kann also sagen, daß Tara die erste buddhistische Feministin war!

In den Texten des *Paramitayana* und in denen der ersten drei Tantra-Klassen wird gesagt, daß Buddhaschaft im allgemeinen in der Verkörperung als Mann erlangt wird. Die vierte Tantra-Klasse macht keinen Unterschied zwischen männlich und weiblich. Das Vollkommene Erwachen kann genausogut in einer Verkörperung als Frau wie in der als Mann realisiert werden.

Den ganzen Tag lang müssen wir im Beruf mit anderen konkurrieren und abends, wenn wir nach Hause kommen, sollen wir plötzlich gut sein und mit unseren Brüdern und Schwestern teilen. Wie lebt man diesen Widerspruch?

Soll das heißen, daß man tagsüber keinem einzigen Freund begegnet? Es stimmt schon, unsere Gesellschaft ist weitgehend von Konkurrenzdenken bestimmt. Ich meine aber, daß der Wettbewerb auch positive Seiten hat. Man könnte zum Beispiel sagen, daß die buddhistische Praxis eine Form konstruktiven Wettkampfs ist. Der Geist kämpft ständig mit negativen Elementen, die die Tendenz haben, die Oberhand zu gewinnen, und denen er sich mit verschiedenen Mitteln widersetzt. Es gibt aber ganz sicher auch in der Geschäftswelt und in unserer Gesellschaft ganz allgemein nützliches und loyales Konkurrieren, das nicht darauf aus ist, den anderen hereinzulegen, sondern auf faire Weise Gewinn zu machen und seinen Lebensunterhalt zu verdienen. Alles hängt von der geistigen Haltung ab.

In einer Gesellschaft, in der Wettbewerb eine zentrale Rolle spielt, werden die Reaktionen individuell ganz verschieden sein. Wenn wir selbst uns ehrlich und anständig verhalten und andere dies, von übersteigertem Konkurrenzdenken getrieben, ausnutzen wollen, meine ich schon, daß wir uns zur Wehr setzen sollten, ohne uns dabei inkorrekt zu verhalten. Wenn man sich in solchen Situationen nicht nach den Regeln des Geschäftslebens verhält, verbaut man sich jede Möglichkeit des Vorwärtskommens.

Was ist das wichtigste, was Eltern bei der Erziehung ihrer Kinder beachten sollten?

Egal, wie der intellektuelle Rahmen der Erziehung auch aussieht, sie sollte getragen sein von Liebe und Mitgefühl, denn das Wissen allein macht wohl keinen Menschen glücklich. Unter den negativen Gestalten unserer Geschichte waren, wie ich denke, eine ganze Menge, die zwar viel wußten, in deren Erziehung aber die Entwicklung von Mitgefühl, Weisheit und Weitblick vernachlässigt wurde. Wie kann man Mitgefühl lehren? Auf jeden Fall nicht durch Worte, sondern durch das gute Beispiel, das man gibt. Deshalb ist die familiäre Atmosphäre so wichtig für die Entwicklung eines Kindes.

Es heißt, daß lachen können eine dezidiert menschliche Eigenart ist. Lachen die Menschen Ihrer Meinung nach zuviel oder zuwenig?

Ich habe gehört, daß auch einige Affen lachen können, aber Genaueres weiß ich darüber nicht. Es scheint tatsächlich so zu sein, daß das Lachen ein Merkmal des Menschen ist. Das Problem sind nicht die Menschen, die zuviel lachen – die sind nämlich rar –, sondern jene, die zuwenig lachen, denn davon gibt es viel zu viele.

Warum machen manche ihr Glück auf Kosten anderer?

Dies rührt von einem Mangel an Scharfsicht her und trifft besonders auf jene zu, die keinem spirituellen Weg folgen. Wenn wir unser Glück auf dem Rücken anderer aufbauen, sind wir nicht wirklich glücklich und finden uns am Ende alleingelassen.

Im Gegensatz zum Entwicklungsstand von Wissenschaft und Technik scheinen unsere negativen Affekte wie Brutalität und Raffgier auf dem gleichen – unkontrollierten – Stand wie vor Tausenden von Jahren geblieben zu sein. Wie läßt sich dieses Problem lösen, ohne den Schwächsten zu schaden?

Was das Problem der Gewalt betrifft, so tragen meiner Meinung nach eine Reihe von Faktoren zu diesem negativen Tatbestand mit bei – unter anderen das rasche Anwachsen der Weltbevölkerung und die Leichtigkeit, mit der man sich Waffen beschaffen kann. Um dieses Problem zu lösen, muß sorgfältig über eine Politik der Geburtenkontrolle und der Abrüstung nachgedacht werden. Auch sollte das Gehirn der Menschen nicht ständig einer immer größer werdenden Informationsflut ausgesetzt sein. Man müßte ihnen etwas bieten, was ihr Herz nährt. Ich spreche hier die Medien an, die sich manchmal zu sehr nur auf die negativen Ereignisse stürzen. Um ein ausgewogeneres Bild zu geben, sollte auch von humanen und erfreulichen Aktionen berichtet werden. Sonst fängt man wirklich an zu glauben, daß der Mensch ein zutiefst aggressives und negatives Wesen sei, und das ist entmutigend.

Und wie läßt sich das Problem des rücksichtslosen Besitzstrebens lösen?

Alle Religionen befürworten Verzicht oder zumindest Genügsamkeit. Ich habe kürzlich das große Kartäuserkloster in den Bergen bei Grenoble besucht. Daß die Mönche dort total von der Welt abgeschnitten leben, ohne Zeitung, ohne Radio, mag manchen vielleicht etwas extrem erscheinen, aber die Qualität ihres schlichten Lebens hat mich in Erstaunen versetzt und mit Bewunderung erfüllt.

Wie kann man außerhalb eines religiösen Kontexts lernen, sich mit wenig zu begnügen? Sind nicht bei genauerem Hinsehen die Reichen Sklaven ihres Besitzes, ihres Geldes? Milliardäre erfreuen sich nicht notwendigerweise eines längeren Lebens, einer besseren Gesundheit. Trotz ihres Vermögens sind sie nicht unbedingt glücklicher als andere. Wenn wir uns das in Erinnerung rufen, könnten wir vielleicht lernen, zufrieden zu sein mit dem, was wir haben.

Anläßlich einer USA-Reise wurde ich von einer schwerreichen Familie zum Essen eingeladen. Angesichts des Überflusses und Komforts, den ich dort vorfand, dachte ich mir, daß diese Menschen wirklich allen Grund hätten, glücklich zu sein. Als ich nach dem Essen ins Badezimmer ging, um mich zu erfrischen, stand da ein Medizinschränkchen, das halb offen war, so daß ich einen diskreten Blick auf seinen Inhalt werfen konnte: Es war voll von Schlafmitteln und Tranquilizern! Daraus schloß ich, daß sie vielleicht doch nicht so glücklich waren, wie es den Anschein hatte.

Sind Altruismus und Egoismus in Ihren Augen ein Gegensatz? Ist nicht auch eine gewisse Portion Egoismus nötig, um Glück zu erlangen?

Altruismus heißt, sich nicht nur ausschließlich um das eigene Wohlergehen zu kümmern. Es bedeutet nicht, daß wir uns kasteien müssen. Wir sollten nur die anderen nicht im Stich lassen und allein unser persönliches Glück im Sinn haben. Wenn man in Gedanken, Worten und Werken ständig versucht, andere glücklich zu machen, merkt man sehr schnell, daß daraus ganz natürlich eigenes Glück wächst. Sein eigenes Wohl zugunsten der anderen hintanzustellen heißt nicht, sich Leid zu schaffen. Aus diesem Grund sage ich gern: Wenn wir schon Egoisten sein wollen, seien wir wenigstens intelligente Egoisten! Hierzu folgende Überlegung: Normalerweise pflegen wir nur an uns selbst zu denken und die Rechte und Wünsche anderer völlig zu vergessen, was manchmal soweit geht, daß wir sie für unsere Zwecke ausbeuten. In diesem Fall ernten wir nicht das erwartete Glück, sondern nur Leid. Wenn wir uns hingegen bemühen, anderen zu dienen und sie glücklich zu machen, wird uns das letztendlich zum Guten ausschlagen. Das ist gemeint, wenn ich von intelligentem Egoismus spreche. Unter den verschiedenen Tendenzen unseres Geistes gibt es einige, wie das Verlangen, die je nachdem, welches Motiv ihnen zugrunde liegt, entweder positiv oder negativ sein können. Nehmen wir den Fall eines sehr ausgeprägten Selbstbewußtseins. Drückt es sich als Arroganz und Überheblichkeit aus, haben wir es mit einer negativen geistigen Einstellung zu tun. Äußert es sich aber als Selbstvertrauen, aus dem Mut und die Überzeugung hervorgehen, die Erleuchtung zum Wohl der anderen erreichen zu können, ist es positiv und konstruktiv.

Was denken Sie über die Leidenschaft?

Unser Engagement und unsere Entschlossenheit sind stärker, wenn wir leidenschaftlich sind. Dieser Gesichtspunkt kann auf alle Emotionen übertragen werden. Diese können entweder positiv sein wie das Mitgefühl oder aber negativ wie das Anhaften. Sie sind jedoch nicht an sich positiv bzw. negativ: Wenn wir Leidenschaft definieren als eine sehr kraftvolle Emotion, die zu einem intensiven Engagement und einem starken Sinn für Verantwortung führt, handelt es sich hierbei um einen ihrer positiven Aspekte.

Ich habe einmal an einem Symposion bekannter Gelehrter teilgenommen, von denen jeder brillant und detailliert sein Spezialgebiet erläutert hat. Als ich an der Reihe war, hatte ich den Eindruck, daß es praktisch nichts mehr zu sagen gab, brachte aber dann immerhin noch vor, daß ich als buddhistischer Psychologe die Bedeutung der Motivation unterstreichen wollte – als Motor des Handelns und des Verantwortungsgefühls. Ich habe dann noch meiner Befürchtung Ausdruck verliehen, daß sie mit ihrer Leidenschaft fürs Analysieren im Falle eines Brandes im eigenen Haus bestimmt erst mal versuchen würden, die Ursache des Feuers zu ergründen und herauszubekommen, warum es gerade auf diese Weise brennt... Woraufhin alle in großes Gelächter ausgebrochen sind.

MENSCHENRECHTE UND DIE FRAGE DER GEWALT

Gewaltloses Verhalten ist für mich mehr als nur ein Handeln, das frei ist von Gewaltausübung, gewaltloses Handeln muß auf Güte und Liebe basieren. Das gleiche gilt für die Menschenrechte.

Alle lebenden Wesen haben eines gemeinsam: Sie wollen Leid vermeiden und Glück und Zufriedenheit erlangen. Wenn wir einmal entdeckt haben, daß wir nicht die einzigen sind, die danach streben, sind wir imstande, Mitgefühl zu entwickeln und zu hoffen, daß andere dem Leiden entgehen mögen. Und wir werden fähig, Liebe in uns zu erwecken, den Wunsch, daß alle Wesen Glück finden mögen. Beides zusammen müßte uns dazu führen, uns für die Menschenrechte zu interessieren. Deshalb bin ich der Meinung, daß die Beachtung der Menschenrechte und gewaltloses Handeln direkt und eng verbunden sind mit Liebe und Mitgefühl.

Die Liebe ist für mich etwas Fundamentales. Sie ist zum Beispiel ganz wesentlich für den Aufbau guter Beziehungen zwischen den verschiedenen Religionen und gleichzeitig unabdingbare Voraussetzung für unsere Gelassenheit und unser Wohlergehen im täglichen Leben. Deshalb möchte ich mich dem Thema dieses Vortrags nähern, indem ich von der Liebe spreche.

Um jedoch auf unseren Anfangsgedanken zurückzukommen: Welcher Rasse, Religion oder Gesellschaftsschicht wir auch angehören mögen – wir sind alle menschliche Wesen mit einem angeborenen Streben nach Glück und dem Wunsch, Leiden zu entgehen. Außerdem haben wir alle ein natürliches Recht darauf, dieses Ziel zu erreichen. Doch in der Realität sieht es so aus, daß einige mehr Rechte genießen als andere, und immer sind es die Armen, die zu kurz kommen. Dies ist sowohl ethisch wie auch pragmatisch betrachtet ein großer Fehler. Je mehr Ungleichheit nämlich in einer Gesellschaft herrscht, und je mehr Menschen bedürftig sind, um so größer ist die allgemeine Unzufriedenheit, und es sammelt sich zunehmend sozialer Sprengstoff an.

Der Mensch ist ein Gemeinschaftswesen, und wir müssen anfangen einzusehen, wie stark unser eigenes Glück mit dem der anderen verbunden ist. Ein individuelles Glück, das völlig unabhängig wäre von dem der anderen, gibt es nicht. Wenn wir uns also um Glück und Zufriedenheit der anderen bemühen, sorgen wir damit zugleich für unserer eigenes Wohl.

Der Mensch ist so angelegt, daß er sich freut und besser fühlt, wenn er sein Glück mit anderen teilen und ihnen vertrauen kann. Wir brauchen den Beistand unserer Gefährten, und Freunde zu haben ist uns wichtig. Mit ihnen zu lachen bereitet uns ein durch nichts zu ersetzendes Vergnügen. Ich selbst bin immer glücklich, meine Freunde zu treffen. Tatsache ist, daß Lachen uns spontan wohltut und entspannt. Sich hingegen nur um seine eigene Person zu kümmern, andere schroff abfahren zu lassen und sie auszunutzen, isoliert uns und macht uns unglücklich. Je mehr wir uns vom Schicksal der anderen betroffen fühlen und ihnen Gutes tun wollen, desto mehr Freundschaft und Wohlwollen wird man uns entgegenbringen.

Freundschaft beruht auf Gegenseitigkeit. Um Freunde zu haben und von ihnen geschätzt zu werden, müssen wir unsererseits Liebe und Zuneigung für sie empfinden. Dann haben wir automatisch eine ganze Reihe von Freunden. Indem wir uns anderen liebevoll zuwenden und uns besonders für die Benachteiligten einsetzen und für die, denen Unrecht geschieht, legen wir den Grundstein für unser eigenes Glück und für ein wirklich vorbildliches Verhalten.

Nehmen wir meinen eigenen Fall, mein eigenes Schicksal. Ich habe mein Land verloren, und, was viel schlimmer ist, mein Volk mußte und muß bis heute unvorstellbare Leiden erdulden. Unsere Heimat wurde verwüstet. Ich habe zutiefst deprimierende Erfahrungen gemacht, doch dank meiner Freunde und der Liebe, die sie mir geschenkt haben, war es mir möglich weiterzuleben.

Was die Gewaltlosigkeit angeht, so muß man, meine ich, mehrere Ebenen unterscheiden. Man kann zum Beispiel jemandem mit herzlichen Gesten und freundlichen Worten ein kleines Geschenk überreichen und dabei die übelsten Hintergedanken haben. Dieses Verhalten sieht zwar gewaltfrei aus, in Wirklichkeit aber handelt es sich um einen Akt der Böswilligkeit. Ein anderes Mal dagegen mögen unsere Worte und Gesten vielleicht ein wenig grob wirken, wenn wir damit aber die Absicht verfolgen, jemandem zu helfen, sich zum Beispiel eines Fehlers bewußt zu werden, ist unser Verhalten trotzdem gewaltlos zu nennen. Die Motivation ist das Entscheidende. Um gewaltfreies Verhalten – verbaler oder physischer Art – handelt es sich dann, wenn das Motiv dahintersteht, anderen nützlich zu sein. Um den Gedanken der Gewaltlosigkeit und gewaltfreies Handeln zu fördern, genügt es nicht, die Gewalt aus der Welt zu schaffen. Man muß die

Menschen vor allem dazu ermutigen, Liebe und Zuneigung füreinander zu entwickeln.

Was ist eigentlich das Ziel unseres Lebens? Ich pflege darauf zu antworten, daß Glück unser aller Ziel ist. Warum? Weil selbst jene, die einem spirituellen Pfad folgen, dies nur tun, um das Glück zu finden. Sie sehen in der Religion einfach den besten Weg dazu. Das gleiche gilt für jemanden, der in der Wirtschaft oder auf irgendeinem anderen Gebiet arbeitet. Man tut dies im allgemeinen, weil man die jeweilige Tätigkeit für besonders geeignet hält, Glück und Erfolg zu erlangen.

Glück wird oft mit materiellem Wohlstand gleichgesetzt und als etwas von außen Kommendes verstanden. Gewiß, ein bestimmter Komfort, eine angesehene Herkunft, ein guter Ruf, eine erstklassige Erziehung sind alles Faktoren, die zum Glücklichsein beitragen. Wären sie jedoch ausschlaggebend, müßten alle Reichen und Berühmten glücklich sein. Dem ist aber nicht so. Was beweist, daß all diese günstigen Bedingungen, obwohl sie zu unserem Glück beitragen, nicht seine eigentliche Ursache sind. Sie sind keinesfalls unerläßliche Voraussetzungen. Ergal ob sie gegeben sind oder nicht: Wenn jemand innere Ruhe ausstrahlt, entspannt und mit sich im reinen ist, bezeichnet man ihn als einen glücklichen Menschen. Der tatsächliche Ursprung des Glücks ist also der innere Friede. Dies zeigt sich deutlich in unserem täglichen Leben. An Tagen, an denen wir ruhig und zufrieden sind, können uns auftauchende Schwierigkeiten nicht besonders erschüttern. Wenn wir jedoch niedergeschlagen und nervös sind, bringt uns schon die kleinste Unannehmlichkeit aus dem Gleichgewicht.

Man könnte glauben, daß in den reichen Ländern der westlichen Welt alle Bedingungen für ein angenehmes

Leben gegeben sind. Wenn man sich aber Zeit nimmt und mit den Menschen dort spricht, entdeckt man, daß sie voller Zweifel, falscher Vorstellungen, Ängsten, Eifersucht und Rivalitätsgefühlen sind. Wie da zu innerem Glück finden? Durch Drogen, durch Alkohol? Indem wir einen Arzt aufsuchen, als ob wir an einer physischen Krankheit leiden würden: «Doktor, ich leide innerlich, heilen Sie mich!»? Nein, Glück ist etwas, was wir selbst in unserem eigenen Innern erzeugen müssen. Die Frage ist nur, wie? Wie sieht die dafür geeignete Methode aus?

Um darauf aus eigener Erfahrung zu antworten: Ich und viele meiner Freunde sind zu dem Schluß gekommen, daß man um so gelassener und ausgeglichener ist, je mehr Liebe und Zuwendung für andere wir entwickeln und je mehr wir uns wünschen, ihnen von Nutzen zu sein. Wenn wir anderen helfen möchten, haben wir eine positivere Gesinnung. Wir sind nicht mehr eifersüchtig auf sie und haben weniger das Bedürfnis, etwas vor ihnen zu verbergen. Wir können uns gestatten, weniger reserviert zu sein, uns mehr zu öffnen. Wenn unsere Beziehungen von Eifersucht, Bosheit und schlechten Gedanken vergiftet sind, halten wir automatisch Distanz und geraten in die Isolation. Wenn wir anderen helfen möchten, erleichtert dies den Umgang mit ihnen. Wir sind dann nicht mehr so abwartend und mißtrauisch. Wir befassen uns nicht mehr so ausschließlich mit unseren eigenen Sorgen. Wir werden stärker. Es ist also klar, wie wertvoll und nützlich eine grundsätzlich liebevolle Haltung für uns ist.

Nachdem wir dies eingesehen haben, müssen wir dafür Sorge tragen, unsere liebevolle Gesinnung zu fördern und weiterzuentwickeln. Und gleichzeitig sollten wir – nachdem wir über ihre negativen Folgen nachgedacht haben – das Aufsteigen von Wut, Bosheit und ganz besonders von Haß in uns verhindern.

Jeder von uns hat gern Freunde und weniger gern Feinde. Aber was ist überhaupt ein Feind? Wir können den, der schädigen will, was wir normalerweise als die Ursachen unseres Glücks betrachten – Besitz, Ansehen, Freunde und Verwandte –, als gewöhnlichen Feind bezeichnen. Dieser kann uns, wenn wir uns bereits darin geübt haben, inneren Frieden zu entwickeln, nicht mehr so leicht aus der Fassung bringen. Haß dagegen, Boshaftigkeit und Hinterlist zerstören auf der Stelle unseren inneren Frieden. Sie sind also die wahren Feinde. Gewöhnliche Feinde können sich durchaus zu einem späteren Zeitpunkt in Freunde verwandeln. Die inneren Feinde sind und bleiben Feinde, niemals werden sie uns von irgendwelchem Nutzen sein. Es ist deshalb unlogisch und ein Widerspruch in sich, auf der einen Seite nach Glück zu streben, auf der anderen Seite aber Ärger und Falschheit in sich Raum zu geben, die jedes Glück zunichte machen.

Wie gelingt es uns, unseren Feind, den Haß, auszuschalten? Durch Geduld, durch das Üben von Geduld. Jedesmal, wenn wir ein Unbehagen, einen inneren Schmerz empfinden, provoziert dies eine Reaktion der Abneigung in uns. Wir müssen also, um diese negative Reaktion zu unterbinden, dem Unbehagen vorbeugen. Dazu ist es wichtig, in jeder Situation, ob günstig oder ungünstig, eine Gelegenheit zu sehen, uns weiterzuentwickeln. Ein Unglück oder eine Krankheit, die uns unerwartet treffen, können uns als zutiefst ungerecht oder katastrophal erscheinen, wenn wir gewohnt sind, nur um uns selbst zu kreisen. Doch wenn wir über die Nöte und Sorgen anderer nachdenken, und sei es nur für einen Augenblick, werden wir feststellen, daß unsere Situation gar nicht so extrem ist.

Jeder Schwierigkeit läßt sich eine positive Seite abgewinnen. Es kommt auf den Blickwinkel an, unter dem wir unsere Situation betrachten. Dem einen kann sie unerträglich vorkommen, dem anderen heilsam. Auf jeden Fall sollten wir mit allen Mitteln das Gefühl bekämpfen, etwas nicht ertragen zu können. Deshalb dürfen wir unsere Schwierigkeiten nicht aus nächster Nähe betrachten, so daß sie uns überdimensional erscheinen, sondern mit einem gewissen Abstand. Auf diese Weise können wir unsere Lage besser überblicken, und sie wird uns weniger gewichtig erscheinen.

Die folgende Methode eignet sich sehr gut dazu, uns die Schattenseiten des Egoismus deutlich zu machen. Stellen wir uns eine Gruppe unglücklicher, leidender Menschen vor und ihnen gegenüber uns selbst, so wie wir uns gewöhnlich benehmen: egozentrisch, ohne Interesse für andere. Indem wir uns auf diese Weise selbst zuschauen, werden uns die Augen über die Negativität des Egoismus geöffnet, und wir wenden uns ganz von selbst der Gruppe der Unglücklichen zu. Und als direkte Folge davon fällt es uns leichter, negative Emotionen abzubauen und Liebe und Wohlwollen zu entwickeln. Mit Hilfe dieser gedanklichen Übung wird sich allmählich eine innere Wandlung in uns vollziehen – ich betone: allmählich, nicht auf Knopfdruck. Wir müssen uns selbst Zeit geben und uns langsam und stetig darin üben.

FRAGEN

Liegt die Gewalt in der Natur des Menschen? Wann hat man das Recht, Gewalt anzuwenden?

Sicherlich gehört die Gewalt zur menschlichen Natur, aber diese hat viele Facetten, und ich glaube nicht, daß Gewalttätigkeit eine ihrer hervorstechendsten ist. Zum

Zeitpunkt unserer Geburt sind unzählige Anlagen in uns vorhanden, die im Laufe der Zeit aufgrund verschiedener Lernprozesse entwickelt oder vernachlässigt werden. Auf diese Weise transformieren wir unsere Ausgangssituation. Das gilt auch für Aggressivität und Feindseligkeit, die wir von Anfang an in uns haben. Auch diese können wir ändern, abschwächen, und müssen es sogar.

Ob Aggressivität manchmal gerechtfertigt sein kann? Auch hier muß man wieder unterscheiden, ob ihr Wut oder Haß zugrunde liegt. Wut kann manchmal positiv sein, wenn zum Beispiel schnelles Eingreifen erforderlich ist. Im allgemeinen aber scheint mir Aggressivität eher ein Zeichen von Schwäche zu sein und Toleranz ein Zeichen von Stärke.

Wie bewerten Sie das Verzeihen?

Verzeihen ist etwas sehr Wertvolles und Wichtiges. Dabei darf es allerdings nicht einfach um ein Die-Augen-Verschließen und Vergessen gehen. An geschehenes Unrecht darf, ja muß man sich erinnern. Doch aus Liebe und Achtung vor dem anderen und noch aus anderen Gründen darf man nicht daran denken, das Böse, das man uns angetan hat, mit gleicher Münze heimzuzahlen.

Halten Sie es für möglich, zugleich Christ und Buddhist zu sein?

Das scheint mir durchaus möglich zu sein. Es gibt zum Beispiel Dinge, die wir Buddhisten von unseren christlichen Brüdern und Schwestern lernen können. Als ich vor kurzem ein christliches Kloster besuchte, stellte ich fest, daß es viele Gemeinsamkeiten gibt zwischen den Mönchen, die ich dort traf, und den tibetischen. Sie schienen mir, was die Aspekte von Armut und Genügsamkeit angeht, manchen tibetischen Mönchen überlegen, die hin und wieder etwas zu viel Wert auf Komfort legen. Andererseits könnten die Christen von ihren tibetischen Kollegen bestimmte Techniken zur Entwicklung von Liebe, Mitgefühl, Konzentration und zur Förderung des Altruismus lernen. Es scheint mir durchaus möglich, diese Techniken aus dem Buddhismus zu entleihen, und ich habe christliche Freunde, die dies auch tun. Bei einer Annäherung der beiden Religionen könnten Christen wie Buddhisten sehr viel voneinander lernen.

Welchen Rat geben Sie Laien, um Güte und Erfülltheit zu erlangen?

Als erstes müssen wir das große Potential in unserem eigenen Innern entdecken. Im Buddhismus sprechen wir von der Buddha-Natur, die in jedem von uns angelegt ist. Abgesehen davon verfügen wir als menschliche Wesen zum Beispiel über Entschlossenheit und Intelligenz. Eine Verbindung dieser beiden Fähigkeiten eröffnet uns viele Möglichkeiten, positive Emotionen zu entwickeln. Wichtig ist, unsere Intelligenz mit einem guten Motiv zu paaren. Ohne Intelligenz wird uns nicht viel gelingen, und ohne gute Absichten wissen wir nicht, ob unsere Intelligenz konstruktiv oder destruktiv wirken wird. Aus diesem Grund ist es so wichtig, ein gutes Herz zu haben. Vergessen wir nicht, daß alle diese Qualitäten Teil unseres eigentlichen Wesens sind.

III
GEWALTLOSIGKEIT

Tibet zwischen Widerstand und Gewaltlosigkeit

Ich bin nur ein einfacher buddhistischer Mönch, und wenn ich meinen Neigungen folgen dürfte, würde ich nach Art eines verwundeten Wildes in der Einsamkeit der Berge Zuflucht suchen. Aber es hat sich so gefügt, daß mir der Titel Dalai Lama verliehen wurde, zusammen mit der damit verbundenen Aufgabe und der großen Hoffnung, die das tibetische Volk in mich setzt. Ich weiß nicht, ob dies an meinem Karma oder meinen früheren Gebeten liegt ...

Wie auch immer – als Tibeter bin ich natürlich vom Schicksal meines Landes zutiefst betroffen, das zur Zeit durch eine der schwersten Phasen seiner Geschichte geht. Vierzig Jahre schon dauern die Leiden des tibetischen Volkes! Sie alle hier haben das Glück, Ihr Interesse an der eigenen Geschichte und Kultur offen zeigen und entfalten zu dürfen. Für Tibet gilt dies nicht. Deshalb lastet auf mir eine ungeheure moralische Verantwortung, und zwar nicht nur gegenüber dem tibetischen Volk. Ich habe auch die Pflicht, wann immer sich die Gelegenheit bietet, denen, die sich für das Schicksal Tibets interessieren, die Situation des Landes zu erklären und auf mögliche Lösungen seiner Probleme hinzuweisen.

Im allgemeinen habe ich, egal wem ich begegne, immer den Eindruck, auf Menschen zu treffen, die mir vertraut sind. Ich freue mich stets ganz besonders, die Bekanntschaft von Studenten und Studentinnen zu machen, denn auf ihren Schultern liegt die Verantwortung für die Zukunft. Ein Gedankenaustausch mit ihnen ist für mich sehr lehrreich, weil ich auf diese Weise erfahre, was sie beschäftigt. Und vielleicht haben auch sie etwas davon.

Fragen

Im Westen wird der Buddhismus vor allem mit dem Prinzip der Reinkarnation in Verbindung gebracht. Dürfen wir Sie als spirituelles Oberhaupt des Tibetischen Buddhismus bitten, uns zu erklären, was Reinkarnation bedeutet?

Die verschiedenen Religionen und spirituellen Traditionen unserer Welt kann man grob in solche unterteilen, für die das Prinzip der Reinkarnation gilt, und solche, für die es nicht gilt. Für die, die eine Aufeinanderfolge von Leben annehmen, steht fest, daß das Aggregat der Form, das heißt der physische Körper, auf ein einziges Leben beschränkt ist. Das Selbst aber, oder der Bewußtseinsstrom, setzt sich von einer Existenz zur nächsten fort.

Wenn wir von Bewußtseinsstrom sprechen, was meinen wir da mit Bewußtsein? Bewußtsein ist nicht einfach eine simple Entität. Es weist verschiedene Ebenen auf – grobe, feine und allersubtilste. Grobes Bewußtsein ist mit dem physischen Aggregat, also mit dem Körper, verbunden, und zwar für die Dauer dieses Lebens. Es handelt sich zweifellos um jenes Bewußtsein, dessen Sitz wir im Gehirn annehmen und welches das Funktionieren der verschiedenen körperlichen Aktivitäten ermöglicht. Es ist das am leichtesten zu verstehende und vergeht im Tod zusammen mit unserem Körper.

Es gibt aber auch ein feineres Bewußtsein, das nicht auf

materielle Weise an den grobstofflichen Körper gebunden ist. Von diesem glauben wir, daß es nach dem Tod, nach dem Vergehen des Körpers, weiterbesteht. Wenn wir uns auf die Suche nach dem Ursprung dieses Bewußtseins machen, so scheint es nicht aus dem Nichts zu kommen, sondern auf eine Ursache von gleicher Beschaffenheit wie es selbst angewiesen zu sein, das heißt auf ein vorausgegangenes Bewußtseinsmoment. Wenn wir den Ausgangspunkt dieses Bewußtseins ausfindig machen wollen, wird uns das nicht gelingen, weil die Voraussetzung dafür wäre, daß ein Bewußtsein entweder zu einem bestimmten Zeitpunkt geboren oder von etwas Unbelebtem produziert worden wäre. Ein Bewußtseinsmoment kann nur aus einer ihm gleichenden Ursache hervorgehen – also aus einem anderen Bewußtseinsmoment – und nicht aus etwas Unbelebtem, und deshalb sagen wir, daß es anfangslos ist.

So verstehen wir im Buddhismus das Prinzip der Reinkarnation.

Jeder Dalai Lama wird traditionell als Reinkarnation seines Vorgängers betrachtet. Ist es, wenn man diesem Prinzip folgt, möglich, daß eines Tages auch eine Frau oder ein Nicht-Tibeter Dalai Lama sein könnte?

Beides ist vorstellbar. Der vierte Dalai Lama zum Beispiel war Mongole. Der erste, den man in der Geschichte Tibets formell, sozusagen auf offizielle Weise als die Inkarnation eines verstorbenen Lama anerkannt hat, war Karmapa Rinpoche, ein hoher tibetischer Lama. Fast zur gleichen Zeit fing die Reinkarnationslinie einer großen Weisen an, einer Frau namens Samding Dordje Pamo, die sich die ganze Geschichte Tibets hindurch wieder aufs neue verkörpert hat. Sie war berühmt für den Grad ihrer spirituellen Verwirklichung und nahm außerdem einen bedeutenden Platz in der spirituellen Hierarchie Tibets ein.

Wenn es also mit der Gleichberechtigung der Frau weiter vorangeht, werden wir eines Tages vielleicht eine Frau als Dalai Lama haben! Theoretisch steht dem jedenfalls nichts entgegen.

Sie haben öffentlich darüber nachgedacht, auf diese Methode der Ernennung Ihres Nachfolgers verzichten zu wollen. Warum – und wodurch wollen Sie sie ersetzen?

Seit Beginn unseres Freiheitskampfes wird von bestimmten Leuten versucht, unsere Vorstellungen zu verdrehen. Es wurde behauptet, daß wir nur die Wiederherstellung des alten Systems im Sinn hätten. In Wirklichkeit trifft dies in keinster Weise zu. Wir sind seit 1959 Flüchtlinge, und schon drei Jahre später, im Jahr 1962, haben wir den Demokratisierungsprozeß unserer Gesellschaft eingeleitet. Ich habe damals ein kleines Komitee gebildet, dessen Aufgabe es war, eine Verfassung für das künftige Tibet auszuarbeiten. In diese Verfassung ließ ich eine Klausel einfügen, nach der der Dalai Lama seiner Funktionen durch eine Zweidrittelmehrheit der Versammlung enthoben werden kann. Im Jahr 1969 habe ich eine offizielle Erklärung abgegeben, daß die Institution und das Weiterbestehen des Dalai Lama allein vom Willen des tibetischen Volkes abhängen. In einem meiner Entwürfe die Zukunft Tibets betreffend, habe ich klar und deutlich ausgeführt, daß ich keinerlei politische Funktion übernehmen werde und daß die Regierung eine demokratische, vom Volk gewählte sein wird. Sollte die Institution des Dalai Lama den Anforderungen der Zeit nicht mehr entsprechen, wird sie aufhören zu bestehen.

Sie sagen häufig, daß der Buddhismus, wie das Christentum, der jüdische Glaube und der Islam, zu den großen Weltreligionen gehört. Bei anderer Gelegenheit aber erklären Sie, daß der Buddhismus keine wirkliche Religion sei. Wie ist das zu verstehen?

Wenn wir uns an die Definition einiger Nachschlagewerke halten, nach der die Religion den Glauben an einen Schöpfergott beinhaltet, können wir in der Tat sagen, daß der Buddhismus keine Religion ist. Aus diesem Grund wird er auch von manchen Gelehrten eher dem Bereich der Geisteswissenschaften zugeordnet.

Wenn wir Religion hingegen als eine spirituelle Praxis des Gebets und der Meditation definieren, die auf etwas abzielt, was dieses Leben transzendiert – was wir zum Beispiel Nirvana nennen –, dann können wir mit Recht sagen, daß der Buddhismus eine Religion ist. Er ist also gleichzeitig Religion, Philosophie und Wissenschaft.

Ich möchte noch hinzufügen, daß es kaum einen Verständigungsmodus gibt zwischen einem radikalen Materialismus und Religionen, in denen der Vernunft wenig Raum gelassen wird, die also fast ausschließlich auf Glauben beruhen. Da er von den einen als Religion betrachtet wird und von den anderen als eine Art Atheismus, könnte der Buddhismus, der sich, wie mir scheint, in der Mitte zwischen diesen beiden Extremen befindet, hier vielleicht eine Brückenfunktion haben.

Eine der großen Streitfragen, die die katholische Welt entzweit, ist der Zölibat. Gibt es den Zölibat auch im Buddhismus? Ist für Sie der Mönchszölibat etwas Essentielles?

Enthaltsam zu leben ist eine persönliche Entscheidung, die jeder frei ist zu treffen. Sie wird in vielen Religionen und spirituellen Traditionen als ein wichtiger Faktor der inneren Entwicklung betrachtet.

Der Buddhismus sieht in den Leidenschaften, die unseren Geist verstören und verdunkeln, die Hauptursache für das Leiden. Abneigung und Anhaften sind dabei die aktivsten und schaden uns am meisten. Eines der Hauptziele der spirituellen Praxis ist es, diesen beiden negativen Emotionen beizukommen. Es gibt viele, viele Arten von Anhaften und jenes, welches mit den fünf Sinneserfahrungen verbunden ist, verursacht den Wesen großes Leid. Eine der offensichtlichsten Formen ist das Haften am sexuellen Genuß. Aus diesem Grund hält der Buddhismus Enthaltsamkeit für eine Tugend und rät ab von jeder Form sexuellen Fehlverhaltens.

Die Zukunft eines freien Tibets

Sie klagen die Chinesen an, Ihre Kultur vernichten zu wollen. Wie gehen sie dabei vor und werden sie, Ihrer Meinung nach, ihr Ziel erreichen?

Seit der Besetzung Tibets vor vier Jahrzehnten wurden von den Chinesen zu verschiedenen Zeiten unterschiedliche Methoden benutzt. Ab Mitte der fünfziger Jahre haben sie in großem Maßstab Klöster und Tempel zerstört und die gebildete Schicht, Laien, Mönche und Nonnen, ausgeschaltet, indem sie sie ins Gefängnis warfen, in Arbeitslager verbannten oder öffentlich hinrichten ließen. Danach kam in China die sogenannte Kulturrevolution und damit eine Zeit der Propaganda, derzufolge die tibetische Zivilisation durch und durch rückständig und abergläubisch gewesen sei. Sie wurde als grausam und wertlos bezeichnet. Alles Tibetische galt als absolut nutzlos und uninteressant. Ich denke, daß dieses verbale Verächtlichmachen eine altbewährte Methode ist.

Mittlerweile hat man die Taktik geändert. Seit Mitte der achtziger Jahre gilt die tibetische Kultur ganz offiziell als alt, ehrwürdig und erhaltenswert. Die Chinesen haben ein paar tibetische Transparente in den Straßen angebracht und sogar die in Tibet lebenden Chinesen angewiesen, tibetisch zu lernen. Aber der Hauptakzent liegt natürlich nach wie vor auf dem Studium der chinesischen Sprache, und in der Abschlußprüfung zählt vor allem die Kenntnis des Chinesischen. Der traditionelle tibetische Lehrplan war sehr profund, man braucht zwanzig oder dreißig Jahre, um ihn zu bewältigen. Im Tibet von heute gibt es praktisch keine Möglichkeit mehr, dieses Studium von Anfang bis Ende durchzuführen – höchstens in einer entlegenen Region und ohne Erlaubnis der chinesischen Behörden –, mit dem Ergebnis, daß zur Zeit in Tibet das Niveau unserer traditionellen Ausbildung beklagenswert ist. Deshalb haben Tausende von jungen Menschen keine andere Wahl, als zum Studium in die Exilklöster nach Indien zu kommen.

Es ist also eine ganz reale Tatsache, daß – entgegen aller Propaganda – der entschlossene Versuch gemacht wird, die tibetische Kultur zu vernichten. Vor allem durch die massenhafte Ansiedlung von Chinesen findet heute – ob beabsichtigt oder nicht – ein kultureller Genozid in Tibet statt.

Um dies zu illustrieren, gebe ich Ihnen ein Beispiel: Vor kurzem hat ein in Indien lebender Tibeter seine Eltern in Tibet besucht. Als er durch das alte Viertel von Lhasa ging, wo die Tibeter um den zentralen Tempel herum wohnen, bemerkte er zu seiner Überraschung, daß alle wie Chinesen angezogen waren und sich auf chinesisch unterhielten. Als er absichtlich laut etwas auf tibetisch rief, sah er, daß einige darauf reagierten. Er ging auf sie zu und fragte sie, warum sie denn als Tibeter chinesisch miteinander sprächen. Sie erklärten ihm, daß sie von den Chinesen verachtet würden, wenn sie sich nicht deren Sprache bedienten, und so fühlten sie sich ihnen ebenbürtiger.

Was empfinden Sie den Peinigern Ihres Volkes gegenüber?

Manchmal fühle ich mich etwas irritiert, wenn man aber als praktizierender Buddhist genau darüber nachdenkt, besteht mehr Grund, über die Angreifer beunruhigt zu sein, die anderen Leiden zufügen, als über die Opfer. Warum? Weil derjenige, der die Probleme schafft, einen karmischen Prozeß einleitet, der ihm in der Zukunft wenig Gutes bringen wird, auch wenn das erst in einer weit entfernten Zukunft sein kann. Während das Opfer seinerseits bereits die Folgen eines vergangenen negativen Verhaltens erduldet und nun seine Schuld abträgt. Wenn ich das bedenke, gelingt es mir, wirkliches Mitgefühl für die zu entwickeln, die sich schuldig machen.

Besteht nicht die Gefahr, daß durch den unterschiedlichen Lebensstil der Tibeter im Exil auf der einen und der im Lande gebliebenen Tibeter auf der anderen Seite ein kultureller Graben zwischen den beiden Bevölkerungsteilen entsteht?

Nein, ich glaube nicht, daß sich hieraus ein Problem ergibt. Natürlich haben die in Indien lebenden Tibeter einen etwas anderen Lebensstil und verfügen auch über mehr Wissen, weil sie Zugang zu Informationen aus aller Welt haben. Trotz unseres Status als Flüchtlinge genießen wir in Indien völlige Freiheit. Wir sind in Indien aber nur 30 000, während in Tibet 6 Millionen leben. Aus diesem Grund sage ich immer, daß sie der Chef sind, sie sind mein Vorgesetzter. Sie sind es, die zählen, wir hier sind der kleinere Teil der Gleichung. Möglich, daß es einige im Augenblick der Rückkehr schwer finden könnten, in Tibet zu leben, und es vorziehen würden, in Indien zu bleiben. Aber ich glaube nicht, daß dies zu einem größeren Problem wird.

Was hat Ihnen persönlich Ihre Verbindung zur westlichen Welt gebracht?

Der materielle und technische Fortschritt des Westens hat mich seit meiner Kindheit fasziniert. Was mich hier immer sehr beeindruckt hat, ist der brennende Wunsch zu lernen. So greifen Sie zum Beispiel jedesmal, wenn ich einen Vortrag über den Buddhismus halte, zu Kugelschreiber und Papier oder zu Ihren Tonbandgeräten, um Aufzeichnungen zu machen. Während Tibeter, Chinesen oder Inder mich zwar voller Hingabe anschauen, aber nie daran denken, etwas aufzuschreiben. Sie sitzen da, voller Ruhe, so als wenn sie bereits alles wüßten!

Ich habe immer die wissenschaftliche Haltung in der Forschung bewundert, bei der Unvoreingenommenheit, ein offener Geist und auch Skepsis eine wichtige Rolle spielen. Das finde ich im Westen sehr positiv. Eine ähnliche Einstellung gibt es im Buddhismus und ganz besonders im Mahayana, wo gesagt wird, daß nichts blind geglaubt werden darf. Zuerst muß experimentiert und alles geprüft werden, und erst dann, wenn die Dinge sich als klar und überzeugend erweisen, sollten sie akzeptiert werden.

Wenn Sie mich nun fragen, was mir als negativ aufgefallen ist, so kann ich zwar nicht sagen, ob es für alle zutrifft, ich finde aber, daß es meinen westlichen Freunden etwas an Geduld mangelt, dabei ist Geduld etwas sehr Wichtiges im Leben. Wenn es darum geht, etwas qualitativ zu beurteilen, hat man in der westlichen Welt die Tendenz, zu vergessen, daß alles relativ ist. Man kann von nichts sagen, daß es zu hundert Prozent schwarz sei oder zu hundert Prozent weiß, hundertprozentig gut oder hundertprozentig schlecht. Die Dinge sind nicht so eindeutig, alles hat seine positive und seine negative Seite. Es ist realistischer und praktischer, etwas, das vorwiegend positiv ist, als gut und etwas, das vorwiegend negativ ist, als schlecht zu betrachten.

Wie beurteilen Sie heute, im Rückblick, das Tibet vor 1950?

Es sind sicher Fehler gemacht worden, es gab eine gewisse Rückständigkeit, aber es gab auch viel Positives. Von einigen wird das Tibet von früher als ein Paradies, als Shangrila, beschrieben, was eindeutig eine Übertreibung ist. Von anderen wird es als die Hölle auf Erden beschrieben, was ebenfalls nicht stimmt.

Je mehr Menschen und unterschiedliche Kulturen ich kennenlerne, desto stärker wird mir bewußt, wie alt, wie reich und verfeinert unsere tibetische Kultur ist. Wie sehr sie zur Bewahrung eines inneren Friedens beiträgt – wahrscheinlich weil sie, gegründet auf Buddhas Lehren, eine harmonische, friedliche Beziehung zur Umwelt entwickelt hat. Auch wenn die Tibeter keine Vegetarier sind, so schützen sie doch die wilden Tiere, Fische und Vögel. Es gab von der Regierung erlassene Verordnungen, die das Jagen, das Fischen und das Töten von Vögeln untersagten. Meines Wissens waren nur die Gurkas, die Nepalesen sind, davon ausgenommen, da sie nicht unter das tibetische Recht fielen. Sie pflegten zu fischen und zu jagen, die Tibeter nicht, zumindest nicht in Zentraltibet. Wir wußten damals nichts von Umweltschutz und Ökologie, wir haben diese Maßnahmen ganz natürlich ergriffen und befolgt.

Selbst unser Sozialsystem war, obwohl veraltet und feudal, weniger starr und viel menschlicher als das indische oder chinesische. In China war es zu jener Zeit zum Beispiel noch Sitte, die Füße der Frauen zu bandagieren, das heißt zu verkrüppeln, oder Männer zu Eunuchen zu verstümmeln. So etwas gab es in Tibet nicht.

In Ihrer Rede 1988 vor dem Europaparlament in Straßburg haben Sie Abstand genommen von der Forderung nach Unabhängigkeit, um die Einleitung von Verhandlungen mit den Chinesen zu erleichtern. Ist dies für Sie definitiv?

Wie ich vorhin sagte, ist Tibet vom Untergang bedroht. Wir müssen deshalb alles tun, um dieses Land und sein einzigartiges kulturelles Erbe zu retten. Die politische Realität sieht so aus, daß niemand die Chinesen vertreiben will. Das einzig realistische Vorgehen sind direkte Verhandlungen mit der chinesischen Regierung. Unsere Stärke ist die Gerechtigkeit und die Wahrheit. Wir haben keinerlei Grund, uns zu verstecken, und wir haben allen Grund, auf unsere chinesischen Brüder und Schwestern zuzugehen.

Ende 1978 hat die chinesische Regierung wissen lassen, daß sie Kontakt mit mir aufnehmen wolle. Ich habe sofort geantwortet und einen persönlichen Sonderbeauftragten entsandt, einen meiner Brüder, der chinesisch spricht. Er ist mit Deng Xiaoping zusammengetroffen, der ihm während der einstündigen Unterredung erklärte, daß – abgesehen von der totalen Unabhängigkeit – über alles gesprochen werden könne.

Während der ganzen folgenden vierzehn Jahre bin ich von dieser Bedingung, dieser Voraussetzung ausgegangen – deshalb fordere ich nie die volle Unabhängigkeit. Was nicht besagt, daß wir nicht das Recht hätten, sie zu fordern. Die ganze Welt weiß inzwischen, daß Tibet ein besetztes Land ist.

Ich pflege den Weg, den ich eingeschlagen habe, den Weg der Mitte zu nennen. In meinen Straßburger Vorschlägen habe ich unmißverständlich erklärt, daß die endgültige Entscheidung beim tibetischen Volk selbst liegt. Das ist etwas, was ich mehrfach während dieser vierunddreißig Jahre, die wir im Exil sind, wiederholt habe: Das tibetische Volk hat die letzte Entscheidung. Von einigen Tibetern sind meine Vorschläge heftig kritisiert worden. Man hat mir sogar gesagt: Sie, der vierzehnte Dalai Lama, haben die Rechte des tibetischen Volkes verkauft! Ich meine jedoch, wir sollten den Tatsachen ins Auge sehen. Tibet ist ein Land ohne Zugang zum Meer. Um es zu entwickeln, sind wir auf das Wohlwollen eines Nachbarlandes angewiesen. Angesichts der derzeitigen Lage der Dinge scheint es mir klüger und realistischer, ein Arrangement nit den Chinesen zu suchen.

Ein beträchtlicher Teil von Tibet wurde den angrenzenden chinesischen Provinzen eingegliedert. Wo sollten Ihrer Meinung nach die Grenzen des zukünftigen autonomen Tibets verlaufen?

Die Grenze zwischen China und Tibet war im 7. Jahrhundert klar markiert. Von seiten der chinesischen Regierung wurde versucht, alle möglichen historischen, auf das 13. und 7. Jahrhundert zurückgehenden Argumente vorzubringen. Da ich die Bedingung, die von Deng Xiaoping gestellt wurde, akzeptiert habe, meine ich, das Recht zu haben, auch den Rest der Frage zu diskutieren. Ich sagte den Chinesen also, da von der Regierung selbst die Existenz von verschiedenen Regionen, Distrikten, Präfekturen usw. anerkannt würde, warum diese nicht zu einer Einheit zusammenfassen? Auf diese Weise wäre es einfacher, die tibetische Kultur und Identität zu bewahren und zu schützen. Während der Herrschaft der Könige Trisong Detsen und Tri Ralpachen im 8. Jahrhundert war die Grenze zwischen China und Tibet klar abgesteckt, von der chinesischen Provinz Yünnan bis zu den tibetischen Provinzen von Amdo im Norden. Es existieren darüber Inschriften auf Pfeilern und Felsplatten. In Yünnan zum Beispiel gibt es entsprechende Felsinschriften. Diese antiken Zeugnisse beweisen, daß die eindeutige Grenze zwischen China und Tibet nichts ist, was wir erfunden haben, sondern eine historische Realität.

Im allgemeinen haben autoritäre Staaten die ärgerliche Tendenz, die Geschichte zu verfälschen: Sie wird einfach umgeschrieben. Das wurde mir während meiner Besuche in China 1954 und 1955 nur zu klar. Ich verbrachte zehn Monate im eigentlichen China, danach besuchte ich die Mandschurei sowie die Gebiete von Hreang und Heilongjiang. Dort sah ich eine Ausstellung über japanische Greueltaten. In diesem Museum wurde erklärt, daß die Japaner sich erst ergeben hätten, nachdem die Sowjetarmee in der Mandschurei eine Division der mächtigen japanischen Armee vernichtet habe. In Wirklichkeit haben sich die Japaner erst nach den Atombombenabwürfen in Hiroshima und Nagasaki ergeben, und die Russen haben den Japanern erst nach diesen Ereignissen den Krieg erklärt. Die chinesische Version versucht also, glauben zu machen, daß sich die Japaner nach der Vernichtung ihrer Armee durch die Russen ergeben hätten. Dies nur als ein Beispiel für die Verdrehung von historischen Tatsachen.

Sie erklären oft, zu einer Synthese von Buddhismus und Marxismus gelangen zu wollen. Was läßt den Marxismus in Ihren Augen so attraktiv erscheinen?

Unter den modernen Wirtschaftstheorien ist das System des Marxismus eines, das auf moralischen Prinzipien basiert, während der Kapitalismus nur auf Gewinn und Wachstum aus ist. Der Marxismus sorgt sich um eine gleichmäßige Verteilung der Güter und eine gerechte Nutzung der Produktionsmittel. Er befaßt sich mit den Lebensbedingungen der Arbeiterklasse – also mit dem Schicksal der Mehrheit der Bevölkerung –, mit dem Los der Benachteiligten und Bedürftigen, der Opfer der Ausbeutung durch eine Minderheit. Alles Gründe, weshalb ich mich vom marxistischen Gedankengut angezogen fühle. Kürzlich las ich in einem Artikel, daß seine Heiligkeit, der Papst, ebenfalls bestimmten positiven Aspekten dieses Denksystems zustimmt.

Was das Scheitern der marxistisch geprägten Regierungen angeht, so denke ich, daß weder die UdSSR noch China noch Vietnam wirklich marxistisch waren, weil sie sich zu sehr mit ihren beschränkten nationalen Interessen beschäftigt haben statt mit den Belangen der internationalen Arbeiterschaft. Von daher rührten auch die Konflikte, die es zum Beispiel zwischen China und der UdSSR gab oder zwischen China und Vietnam. Hätten sich diese drei Staaten wirklich auf marxistische Prinzipien gestützt, wäre es nicht zu diesen Spannungen gekommen.

Ich glaube, daß der Hauptfehler des Marxismus darin liegt, daß zu viel Gewicht auf die Zerstörung der herrschenden Klasse, auf den Klassenkampf gelegt wird, was zur Entwicklung von Haß und zur Vernachlässigung von Mitgefühl führt. Als es galt, das ursprüngliche Ziel, der Sache der Mehrheit der Bevölkerung zu dienen, in die Tat umzusetzen, verpuffte die gesamte Energie in destruktiven Aktivitäten.

Für mich ist das Scheitern der UdSSR nicht ein Scheitern des Marxismus, sondern des Totalitarismus. Deshalb betrachte ich mich als halb marxistisch, halb buddhistisch...

*Sie fordern die Rückkehr der heute in Tibet lebenden Chinesen
in ihr eigenes Land. Warum sollen nicht auch Chinesen ihren
Platz in einem demokratischen, offenen Tibet haben?*

Man muß bei den Chinesen, die heute in Tibet leben,
Unterschiede machen. Auf der einen Seite gibt es die, die
schon vor 1949 im Land waren. Dann jene, die in offiziel-
lem Auftrag kamen. Und schließlich diejenigen, die seit
der sogenannten Politik der freien Wirtschaft aus eigener
Initiative ins Land strömen. Man muß auch die Chinesen,
die tibetisch sprechen und die tibetische Kultur achten
(denn die buddhistische Kultur ist ihnen ja im Prinzip
nicht fremd), von denen abgrenzen, die nur auf der Suche
nach materiellem – und nicht nach spirituellem – Reichtum sind. Die, welche die tibetische Kultur respektieren,
könnten sich, wenn sie blieben, als wirkliche Bereicherung erweisen. Wenn sie nicht allzu zahlreich sind, sehe
ich keinen Grund, weshalb sie gehen sollten. In ihr Land
zurückkehren sollten hingegen all die Chinesen, die die
Tibeter für rückständig, schmutzig, übelriechend und
barbarisch halten! Warum in einem Land bleiben, das man
derart verabscheut?

*Lehnen Sie bei Ihrem Kampf um die Befreiung Tibets Gewalt
grundsätzlich ab, oder sehen Sie in der Gewaltlosigkeit einfach
das am besten geeignete Mittel, um Ihr Ziel zu erreichen?*

Ja, ich lehne Gewalt grundsätzlich ab. Seit einigen Jahren
werde ich immer wieder gefragt, was ich tun würde,
wenn die Verzweiflung einige Tibeter zu gewalttätigen
Übergriffen triebe. Meine Antwort war stets, daß ich
mich dann zurückziehen würde. Ich habe vernünftige
Gründe, so zu denken, es handelt sich nicht um einen
blinden Glauben meinerseits. Weil ich Liebesfähigkeit

und Mitgefühl als fundamentale Züge der Natur des Menschen betrachte, meine ich, daß es in unserem eigenen Interesse ist, diese Züge in uns zu ermutigen, zum Leben zu erwecken und sich entwickeln zu lassen. Wenn wir dagegen Gewalt anwenden, blockieren wir willentlich diese positive Seite der menschlichen Natur. Wir verhindern ihre Entfaltung. Der Erste Weltkrieg endete mit der Niederlage Deutschlands. Diese Niederlage hat das deutsche Volk aufs tiefste gezeichnet, es verletzt und gedemütigt und auf diese Weise den Zweiten Weltkrieg vorprogrammiert. Wenn Gewalt die Oberhand gewinnt, sind die Leidenschaften nicht mehr zu kontrollieren, und es kommt zu einer Tragödie wie heute in Bosnien. Gewaltsame Methoden können nur neue Probleme schaffen.

In unserem Fall ist als wichtigste Tatsache festzuhalten, daß wir Tibeter und unsere chinesischen Brüder und Schwestern immer Nachbarn waren und es bleiben müssen. Die einzige Alternative für die Zukunft ist, zu lernen, in gutnachbarschaftlichem Einvernehmen zu leben.

Hätten Sie auch gegen Hitler nicht zu den Waffen gegriffen?

Ich weiß es nicht. Wenn ich gekonnt hätte, würde ich persönlich vielleicht versucht haben, den Anfängen zu wehren, und als er begann, an Bedeutung zu gewinnen, ihn mit politischen Mitteln zu bekämpfen.

Als ich vor kurzem in Polen war, habe ich Auschwitz besucht, wo Tausende von Unschuldigen vernichtet wurden. Ich hielt mich einen Augenblick in der Gaskammer auf, und als ich das Krematorium sah, erfüllte mich tiefe Traurigkeit. Am schlimmsten war der Anblick der Berge von Menschenhaar und Schuhen. Es waren kleine, geflickte Schuhe darunter, Schuhe von Kindern armer Leute. Ich habe mich gefragt: Warum hat man diese

Menschen umgebracht? Warum? Wenn ich mir die kleine Zahl der SS-Leute auf der einen und die große Zahl der jüdischen Häftlinge auf der anderen Seite vorstelle, wer weiß, was ich gemacht hätte, wenn ich die Chance gehabt hätte, einige SS-Männer zu eliminieren, um all diese Menschen zu befreien. Wenn ich eine Waffe gehabt hätte ... vielleicht ... schwer zu sagen. Wie dem auch sei – es ist nichts als Spekulation, es ist also wenig sinnvoll, darüber zu sprechen.

Finden Sie nicht, daß die verschiedenen Regierungen scheinheilig sind, wenn sie Sie nicht offiziell empfangen, um Ärger mit den Chinesen zu vermeiden?

Ich bin nicht sicher, ob man eine Regierung deshalb verurteilen kann. Nehmen Sie das Beispiel meines Volkes. Die Tibeter wollen, daß mehr geschieht, aber andere, wie ich, die Verantwortung tragen, müssen viele verschiedene Faktoren in Betracht ziehen. Das gleiche gilt für die Regierungen, sie müssen sich an der Realität orientieren. Ich kann keine einzelne Nation anklagen, die internationale Politik aber verurteile ich. Ich glaube, daß hier etwas fundamental nicht stimmt.

Ich halte es für einen schwerwiegenden Irrtum der Realpolitiker, zu meinen, in der Politik sei kein Platz für Moral. Darunter leiden nicht nur die kleinen Länder und unter diesen Ländern vor allem die besonders benachteiligten, auch die mächtigen Nationen werden dieser Politik wegen zunehmend von allen Seiten kritisiert.

Können die Länder des Westens – besonders die USA – in den Augen der dritten Welt wirklich Vorbilder für Demokratie, Freiheit und Wahrung der Menschenrechte sein? Ganz und gar nicht. Und weshalb? Wegen ihrer Realpolitik. Würden in der Außenpolitik ethische Prinzipien respektiert, gäbe es diese Probleme nicht. Ich sage meinen amerikanischen Freunden oft: Ihr, die heutige Supermacht, müßt eine Änderung herbeiführen. Ihr müßt zurückgreifen auf die Prinzipien Eurer großen historischen Persönlichkeiten wie Jefferson und Lincoln, Männer, die die Freiheit und Demokratie hoch geachtet und verteidigt haben.

Kann ein Politiker sich also von Mitgefühl leiten lassen?

Ja, aber von einem intelligenten Mitgefühl, das mit Weisheit verbunden ist.

DIE INTERNATIONALE GEMEINSCHAFT

Inwiefern kann der Tibetische Buddhismus einen Beitrag zum Wohl der Menschheit leisten?

Innerhalb des Buddhismus gibt es eine Tradition des Dialogs zwischen den verschiedenen spirituellen Richtungen, die sich, wie ich meine, leicht auf andere Religionen ausdehnen läßt. Deshalb ist ein fruchtbarer Austausch zwischen dem Buddhismus und anderen Religionen durchaus möglich. Dazu kommt, daß der Tibetische Buddhismus die fundamentale Bedeutung der menschlichen Güte und des Mitgefühls unterstreicht. Beide Gedanken sind wohltuend für den Geist jener, die diese Lehren erhalten.

Unglücklicherweise stehen wir heute vor einer sehr realen Gefahr, nämlich der der Vernichtung unseres Landes und seines einzigartigen kulturellen Erbes. In Tibet selbst haben die Tibeter nicht einmal das Recht, ihrem verständlichen Wunsch nach Erhaltung und Rettung ihrer Kultur Ausdruck zu verleihen. Heute verfügen wir in Indien, wo mehr als hunderttausend tibetische Flüchtlinge leben, über die besten Mittel, die tibetische Tradition zu erhalten und fortzuführen. Es gibt dort mehr als fünftausend Mönche und Gelehrte, die in der Lage sind, die Philosophie des Tibetischen Buddhismus zu übermitteln. Auch für Frauen, die sich dem monastischen

Leben widmen wollen, gibt es eine ganze Reihe von Klöstern.

Ganz ohne Zweifel leisten auch die verschiedenen tibetischen Zentren und Universitäten, die überall auf der Welt das Studium des Buddhismus und der Geschichte Tibets fördern, einen wichtigen Beitrag zur Erhaltung und Entwicklung des Wissens über unser Land und seine spirituellen Traditionen. Es gibt in Europa, Nordamerika, Südamerika, Australien, Neuseeland und vielen anderen Ländern zusammen ungefähr zweitausend Zentren für das Studium des Tibetischen Buddhismus.

Da die Geschichte Tibets oft verfälscht dargestellt wurde und wird, ist es besonders wichtig, die richtigen Fakten mitzuteilen, damit auch die Chinesen sie kennenlernen. Auch für Historiker und Gelehrte ist dies notwendig, um sich ein klareres Bild machen zu können. Eine falsche, irrige Sicht bewirkt nichts Positives und leistet keinen Beitrag für die Zukunft. Durch die Kraft der Wahrheit wird es uns gelingen, die Sache Tibets neu zu beleben, besonders heute, da die totalitären Regime nach und nach von der Landkarte zu verschwinden scheinen. Weil jene, die verzerrte Meinungen vertreten, schwerhörig sind, erneuere ich meinen Appell an die sogenannte zivilisierte Welt, alles zu tun, um die kostbare Tradition Tibets vor dem Untergang zu retten.

1993 sind in Paris viele Wissenschaftler zusammengetroffen, um ihrer Besorgnis über die Verschlechterung der Umweltbedingungen in Tibet Ausdruck zu verleihen. Sie haben vorgeschlagen, Tibet ganz oder teilweise auf die Liste «Kulturelles Erbe der Menschheit» zu setzen. Glauben Sie, daß unter den gegenwärtigen Umständen dieser Vorschlag akzeptabel sein könnte und daß schließlich auch die Chinesen ihm zustimmen würden?

O ja! Man muß sich mit allen Kräften dafür einsetzen. Ich halte diesen Gedanken für sehr nützlich und realisierbar. Tibet ist ein Land mit einer langen Geschichte, ein Land voll von historischen Denkmälern, die nicht nur für die Tibeter, sondern für die ganze Welt von Interesse sind. Bestimmte Organisationen haben vor, den Potala und andere heilige Orte zu erhalten und den Haupttempel von Lhasa, den Tsuglakhang, zu schützen. Warum also nicht die ganze Stadt, da sie eng mit dem Leben, das sich um den Potala herum abspielt, verbunden ist? Leider sind viele traditionelle Wohnhäuser in jüngster Zeit durch Neubauten ersetzt worden. Lhasa, dessen Aussehen sich schon völlig verändert hat, ist mittlerweile vom Untergang bedroht. Ein Grund mehr, die Hauptstadt Tibets auf diese Liste zu setzen.

Welche Konsequenzen hat die chinesische Invasion für das ökologische Gleichgewicht in Tibet, für den Wald, den Boden, die Flüsse? Wie sieht die Situation heute aus?

Das Abholzen der Wälder hat in vielen Gebieten zu Bodenerosion geführt, ebenso wie der intensive und oft unsachgemäß betriebene Abbau von Bodenschätzen, an denen unser Land reich ist. Nach offiziellen chinesischen Unterlagen besitzen wir in Tibet 167 verschiedene Arten von Mineralien, darunter einige von größter Seltenheit.

Was aber weitaus schlimmer ist: Die Chinesen scheinen eine ganze Region zur Lagerung von radioaktivem Müll zu nutzen. Es steht ziemlich sicher fest, daß in der Nähe des Kokonor-Sees ein chinesisches atomares Waffenlager existiert sowie ein unterirdisches nukleares Forschungsinstitut, genannt «die Neunte Akademie».

Zu diesen Faktoren, die alle die Umwelt Tibets schwer belasten, gesellt sich ein weiterer, der vor allem indische

Wissenschaftler beunruhigt: die Verseuchung der großen Ströme Asiens durch eine Vergiftung an der Quelle, das heißt in Tibet. Alle Länder, durch die diese Ströme fließen – China, Vietnam, Laos, Indien, Bangladesch und Pakistan –, sind davon betroffen.

Wird die tibetische Identität angesichts einer mehr und mehr präsenten chinesischen Autorität gewahrt werden können?

Seit vierzig Jahren, seit Beginn der chinesischen Okkupation, versuchen die Tibeter, ihre Kultur, der sie sich eng verbunden fühlen, allen Anfeindungen zum Trotz zu bewahren, und allen angerichteten Schäden und Zerstörungen zum Trotz ist es noch nicht zu spät, vieles zu retten. Es bleibt die Hoffnung, diese Kultur nicht nur zu erhalten, sondern sie auch wieder zu neuem Leben zu erwecken. Allerdings droht ihr eine große Gefahr. Ich meine damit die Ansiedlung von Chinesen in Tibet. Die Tibeter sind heute schon eine Minorität im eigenen Land. In allen großen Städten Tibets – Lhasa, Chamdo, Shigaze, Gyangze – besteht die Bevölkerung zu zwei Dritteln aus Chinesen und zu einem Drittel aus Tibetern. Sicher findet man in entlegenen Teilen des Landes noch Gebiete, die ausschließlich von Tibetern bewohnt werden. Doch dort, wo fruchtbarer Boden und eine günstige Lage angenehme Lebensbedingungen versprechen, lassen sich sofort Chinesen in großer Zahl nieder.

In geheimen Dokumenten, die uns zugänglich gemacht wurden, ist davon die Rede, daß die Chinesen im Mai 1993 beschlossen haben, den Prozeß der Ansiedlung von Teilen ihrer Bevölkerung in Tibet zu beschleunigen. Was hat es mit diesen Dokumenten auf sich und wie sähen die unmittelbaren Folgen dieser Politik für das tibetische Volk aus?

Wir haben in der Tat ein derartiges Dokument erhalten, das sehr ins einzelne geht, weshalb wir es für echt halten.

Als ich 1954/55 in Peking war, habe ich Mao Zedong und andere Mitglieder der damaligen chinesischen Regierung begrüßt und im Laufe unserer Unterhaltung sagte man mir: «Da ihr Tibeter über ein riesiges Territorium verfügt und wir Chinesen über eine sehr hohe Bevölkerungszahl, wäre es gut, wenn wir da an einen Austausch dächten.» Dies beweist, daß die Chinesen schon damals eine massive Ansiedlung von Chinesen in Tibet geplant hatten. Seit der Annexion unseres Landes durch China ist die Zahl der Chinesen in Tibet laufend gestiegen, vor allem in letzter Zeit – unter dem Deckmantel einer sogenannten Wirtschaftspolitik der offenen Türen. Sowie die Chinesen einen ihnen zusagenden Ort samt wirtschaftlich günstigen Verhältnissen in Tibet ausfindig machen, lassen sie sich dort mit ihren Familien nieder. In Lhasa, wo die Lebensbedingungen weniger unwirtlich sind als anderswo, gibt es nach offiziellen Erklärungen ungefähr zehntausend Chinesen. Nach Aussagen von Touristen oder von Tibetern, die dort leben, sind es jedoch nicht zehntausend, sondern hunderttausend – während die Zahl der in Lhasa lebenden Tibeter bei fünfzigtausend liegt. So stellt sich die Lage heute dar. Auch in einigen entlegenen Gebieten, die zum tibetischen Territorium gehören, übersteigt die Zahl der chinesischen Bevölkerung die der einheimischen. 7 Millionen Chinesen und 6 Millionen Tibeter leben heute in Tibet...

Ich möchte dem noch etwas hinzufügen. Als menschliches Wesen sehe ich die Menschheit als ein Ganzes. Diese massenhafte chinesische Ansiedlung wäre allenfalls annehmbar, wenn sie im Rahmen gegenseitigen Verständnisses und Respekts vorgenommen würde. Dann könnten wir daran denken, unser großes Land mit den Chinesen zu teilen, die eine sehr hohe Bevölkerungsdichte haben und um ihre wirtschaftliche Unabhängigkeit ringen. Seit der Okkupation vor vierzig Jahren aber geht diese bevölkerungspolitische Aggression mit einer Zerstörung ehrwürdiger Stätten einher, was keineswegs durch eine gewisse Entwicklung des Landes aufgewogen wird. Der letzte Panchen Lama, der doch in aller Augen als prochinesisch galt, obwohl er es in Wirklichkeit nicht war, hat zwei Tage vor seinem Tod öffentlich erklärt, daß die durch die Chinesen gebrachte bescheidene wirtschaftliche Entwicklung in keinster Weise das Ausmaß der zugefügten Leiden kompensieren kann. In den offiziellen chinesischen Dokumenten werden wir als eine chinesische Minderheit betrachtet und Brüder und Schwestern genannt. China wird dabei symbolisch gesehen als eine große Familie, die aus fünf Brüdern besteht. Hier aber hört der ältere Bruder nicht auf, den jüngeren zu foltern!

Das Anwachsen der chinesischen Bevölkerung in Tibet bringt natürlich Spannungen mit sich – je mehr Chinesen an einem bestimmten Ort, um so größer die Spannungen. Nicht nur wegen der sich daraus ergebenden Beschäftigungsprobleme, sondern genauso auf anderen Gebieten, zum Beispiel dem Schul- und Gesundheitswesen. Was die für die Entwicklung Tibets bewilligten Gelder betrifft, die angeblich dazu bestimmt sind, die Tibeter auf sozialem Gebiet und auf dem Erziehungs- und Gesundheitssektor zu unterstützen, so geraten sie zum größten Teil in chinesische Hände.

Andere Spannungen betreffen die Umwelt. Wie Sie vielleicht wissen, waren die Jagd auf Vögel und der Fischfang in Tibet traditionellerweise verboten – die Tibeter ziehen es auf jeden Fall vor, nichts damit zu tun zu haben. Die Umschreitungen heiliger Orte wie des

Potala oder des Haupttempels von Lhasa sind ein weiterer Anlaß für Spannungen. Die Tibeter umschreiten diese Gebäude im Uhrzeigersinn, und die Chinesen gehen absichtlich in entgegengesetzter Richtung. All diese Schikanen führen zu Spannungen und zu einem Anwachsen der Ressentiments bei der tibetischen Bevölkerung. Die chinesische Regierung schenkt einem Mordfall unter Tibetern kaum Beachtung, doch die geringste Feindseligkeit eines Tibeters gegen einen Chinesen wird als schweres Verbrechen betrachtet und entsprechend geahndet. Außerdem kommt es ständig zu Verletzungen der Menschenrechte.

All dies zusammengenommen stellt – ob beabsichtigt oder nicht – einen echten kulturellen Genozid dar. Ich betone dies bei jeder Gelegenheit immer wieder aufs neue. Sobald es uns gelungen war, einen Kontakt zur chinesischen Regierung herzustellen, habe ich, wie es in meinem Friedensplan in fünf Punkten verzeichnet ist, die sofortige Einstellung der Ansiedlung von Chinesen in Tibet gefordert. Die chinesischen Behörden zeigen jedoch nicht die geringste Neigung, diese Politik aufzugeben, deren Existenz im übrigen von ihnen geleugnet wird. Sie behaupten, Tibet habe nie seine Autonomie eingebüßt. Wie Sie sehen, eine Autonomie ohne Sinn!

Welche Zugeständnisse würden Sie machen, um der chinesischen Regierung Gespräche über die Freiheit Tibets abzuringen?

Ich betrachte es angesichts der aktuellen Gegebenheiten als meine Pflicht, alles zu tun, um den Schutz und die Rettung der tibetischen Nation zu sichern. Das geeignetste Mittel dafür scheinen mir Verhandlungen mit China zu sein. Als es uns vor vierzehn Jahren durch Vermittlung meines Abgesandten gelungen war, Kontakt zu den chinesischen Behörden herzustellen, hat Deng Xiaoping für diese Verhandlungen eine schwerwiegende Bedingung gestellt: Es könne über alles geredet werden, nur nicht über die Unabhängigkeit Tibets. Obgleich Tibet, aus welchem Blickwinkel man es auch betrachtet, ein eigenständiges Land ist, wie seine Kultur, seine Sprache, seine Geschichte beweisen, steht fest, daß es heute unter fremder Besatzung lebt. Auf der Basis dieser Bedingung von Deng Xiaoping habe ich versucht, in realistischer Weise Verhandlungen hinsichtlich einer Autonomie Tibets aufzunehmen. Ich habe keine totale Trennung zwischen unseren beiden Ländern gefordert. Ich sagte der chinesischen Regierung, die Vergangenheit sei vorbei, und ich würde von nun an meinen Blick in die Zukunft richten. Wir besitzen Dokumente, in denen die verschiedenen Phasen dieser Verhandlungen zusammengefaßt sind. Sie machen deutlich, wie von meiner Seite alles versucht worden ist, ein Maximum an Konzessionen zu machen. Ich habe das Gefühl, daß mein Vorgehen, wenn man die Umstände und die heutigen politischen Verhältnisse in Rechnung stellt, das realistischste und einzig mögliche ist. Ich pflege es den Weg der Mitte zu nennen.

Anfang der achtziger Jahre kam von seiten der chinesischen Behörden als Antwort auf meinen Fünf-Punkte-Friedensplan der Vorschlag, nach Tibet zurückzukehren. Ich antwortete, daß nicht meine Rückkehr bzw. Nichtrückkehr das Thema sei, sondern die Sicherstellung des Schutzes und der Rechte von 6 Millionen Tibetern und ihrer Kultur. Solange kein Weg zur Lösung dieses Problems gefunden ist, kommt ein Gespräch über meine eventuelle Rückkehr nicht in Frage. Wenn sich die Dialogbereitschaft der Chinesen nur auf dieses Thema erstreckt, wird jede Anstrengung vergeblich sein. Wenn sie hingegen den Kern der tibetischen Frage ansprechen wollen, stehe ich jederzeit zur Verfügung, gleichgültig, welchen Ort und Zeitpunkt für ein Treffen sie wählen. Ich habe dazu übrigens öffentlich zwei Vorschläge gemacht. Der eine davon zielt darauf ab, daß über internationalen Druck auf die chinesische Regierung am ehesten wirkliche Verhandlungsbereitschaft zu erreichen ist. In diesem wichtigen Punkt voranzukommen, sehe ich momentan als meine Hauptaufgabe.

Es darf nicht vergessen werden, daß Tibet von der chinesischen Regierung immer als ein Teil Chinas betrachtet wurde. Von daher ihre Meinung, frei darüber verfügen zu können. Dies ist jedoch historisch gesehen unrichtig. 1914, anläßlich des Vertrags von Simla, über den ich mich heute nicht weiter auslassen möchte, hat die britische Regierung Tibet als autonomes Land erkannt – doch die Chinesen haben sich geweigert, diesen Passus zu ratifizieren. Die britische Regierung hat die chinesische Suzeränität über Tibet nur unter der Bedingung akzeptiert, daß die Autonomie Tibets von China respektiert wird. Die indische Regierung anerkennt Tibet als autonome Region. Autonomie bedeutet, britischen Experten zufolge, de facto Unabhängigkeit. Während meines Aufenthalts 1954 in Peking sagte mir Mao Zedong selbst, daß Tibet in vergangener Zeit eine mächtige Nation war, die sogar China erobert hatte, und daß die Chinesen uns jetzt, da wir uns in einem Zustand der Schwäche befänden, zu Hilfe kommen würden. Er fügte hinzu, sie würden sich zurückziehen, sowie wir ein gewisses Entwicklungsniveau erreicht hätten. Als ich 1956 zur gleichen Zeit wie Zhou Enlai in Indien war, sagte dieser dem damaligen indischen Premierminister Jawaharla Nehru, daß die chinesische Regierung Tibet nicht als eine chinesische Provinz betrachte, sondern als einen «Sonderfall». Derartige Deklarationen wurden nicht gemacht, wenn China andere Territorien besetzt hat.

Es wurde dann unter Zwang ein Abkommen in 17 Punkten mit den Chinesen unterzeichnet. All diese Fakten bestätigen, daß es unrichtig ist, Tibet, wie es die Chinesen tun, als einen seit dem 8. Jahrhundert zu China gehörenden Landesteil zu betrachten. Da die Chinesen selbst von einem «Sonderfall» hinsichtlich Tibets sprechen, sollte von der internationalen Gemeinschaft alles unternommen werden, um die Fakten der Geschichte Tibets ans Licht zu bringen, sie im Sinn des internationalen Rechts prüfen und dabei die Unterschiede in Rechnung stellen, die zwischen der chinesischen und der tibetischen Kultur bestehen. Niemals ist von jemandem behauptet worden, das Tibetische sei eine chinesische Sprache. Man spricht vom Chinesischen Buddhismus, vom Japanischen Buddhismus und vom Tibetischen Buddhismus. Trotzdem wollen die Chinesen aus unserer Sprache eine chinesische machen, aus unserer Religion eine chinesische, was in keinster Weise der Realität entspricht. Von internationalen Experten wurde kürzlich auf einem Treffen erklärt, daß Tibet das Recht auf Selbstbestimmung zustehe, das Recht, selbst über seine Zukunft zu entscheiden. So ist die Lage – und sie muß allen klargemacht werden.

Sie mobilisieren durch Ihre internationalen Aktivitäten regelmäßig überall in der Welt die Medien, prominente Persönlichkeiten und Staatsoberhäupter. Hat dies tatsächlich Auswirkungen auf die chinesische Position und damit auf die Situation in Tibet?

Ich bin sehr froh über das Interesse der Medien und die dadurch bewirkte Aufmerksamkeit der Öffentlichkeit für die Sache Tibets. Ich messe dem allergrößte Bedeutung bei. Ich glaube, daß dadurch, daß unsere Situation immer bekannter wird, die Chinesen zu mehr Zurückhaltung gegenüber dem tibetischen Volk und zur Kenntnisnahme seiner Bedürfnisse veranlaßt werden. Manche behaupten, es sei keine konstruktive Strategie, den Chinesen nur zu widersprechen und sie vor der Weltöffentlichkeit zu kritisieren. Wir denken da anders. Bis vor zwei Jahren weigerten sich die Chinesen, die Frage der Menschenrechte in China auch nur zur Kenntnis zu nehmen unter dem Vorwand, dies betreffe innere Angelegenheiten. Aber unter internationalem Druck sahen sie sich schließlich doch genötigt, ein sogenanntes «Weißbuch» über die Wahrung der Menschenrechte in ihrem Land zu veröffentlichen und einer Reihe von Delegationen zu gestatten, in Tibet und China die Einhaltung der Forderungen zu überprüfen.

Ich habe alles in meiner Macht Stehende unternommen, um vernünftige Verhandlungen mit der chinesischen Regierung einzuleiten – ohne Erfolg. Die internationalen Medien haben die Chinesen immerhin dazu gebracht, zu bekunden – zumindest nach außen hin –, daß alle Türen für eine Verhandlung mit dem Dalai Lama offen stünden. Die Situation in Tibet hat sich bisher dennoch nicht verbessert.

Sie vertreten die Gewaltlosigkeit und erfreuen sich im Westen großer Popularität. Aber glauben Sie, daß das, was geschieht, ausreicht? Man hat den Eindruck, daß sich nichts verändert in Tibet und der Genozid unerbittlich fortschreitet. Welche internationale politische Aktion würden Sie wünschen?

Wenn sich die gegenwärtige Situation über weitere zehn oder fünfzehn Jahre hinzöge, wäre alles zu spät, aber zur

Stunde besteht noch Aussicht auf Rettung. Und aus diesem Grund appelliere ich unaufhörlich und immer nachdrücklicher an alle Völker und Regierungen. In meiner Eigenschaft als Buddhist pflege ich gewöhnlich zu sagen, daß wir drei Zufluchtsmöglichkeiten haben: zum Buddha, zum Dharma (der Lehre) und zum Sangha (der Gemeinschaft der Praktizierenden). Buddha, Dharma, Sangha sind Begriffe, die für Sie vielleicht mysteriös klingen, doch wir haben noch eine vierte Zuflucht: die Gemeinschaft der Völker, auf deren aktive Unterstützung wir dringend angewiesen sind ...

Der moralische Druck, der auf die chinesische Regierung ausgeübt wurde, hat eine Bresche geschlagen, und ab und zu ist zu hören, man sei bereit, zum Dialog mit dem Dalai Lama. Wirtschaftlicher Druck könnte vielleicht noch wirksamer sein.

Kann man annehmen, daß die Weigerung des Internationalen Olympischen Komitees, Peking die Ausrichtung der Olympischen Spiele im Jahr 2000 zu übertragen, die Chinesen zu mehr Freiheit in ihrer Innenpolitik bewegen wird?

Ich meine, daß es zwei Möglichkeiten gibt, die Dinge zu sehen. Auf der einen Seite kann die Entwicklung von freundschaftlichen Beziehungen zu China und die Erhöhung der Wirtschaftshilfe eine demokratische Veränderung begünstigen. China ist eine alte, historisch bedeutende Nation, die es verdient, die Olympischen Spiele auszurichten – ein berechtigter Standpunkt. Es scheint aber, daß die Regierung hauptsächlich aus ökonomischen Gründen daran interessiert ist.

Auf der anderen Seite wäre es schade, wenn die Anhänger der Demokratie in China, die gegen das Olympiaprojekt waren, entmutigt würden. Es ist Sache der internationalen Gemeinschaft, ihnen geeignete Signale zu geben, um ihre Zuversicht zu stärken.

Nach Abwägen des Für und Wider dieser beiden Positionen bin ich der Meinung, daß es besser ist, die Ausrichtung der Spiele in China auf einen späteren Zeitpunkt zu verschieben. Aber das Ganze hat sich ja inzwischen erledigt.

Bedeutet der Wirtschaftsaufschwung in China eher eine Chance für Tibet, seine Unabhängigkeit wiederzuerlangen? In welchem Maße hat der Westen ein Interesse an einer gewissen Demokratisierung in China?

Die wirtschaftliche Entwicklung in China müßte langfristig positive Auswirkungen für Tibet haben, da von einer Verbesserung der Lebensbedingungen alle profitieren. Es ist aber auch überaus wichtig für das chinesische Volk und für die gesamte Welt, daß China demokratisch wird. Das chinesische Volk wünscht dies, wie man anläßlich der tragischen Tiananmen-Ereignisse feststellen konnte. Doch aus welcher Richtung soll diese Demokratie kommen? Wer ihr Inspirator sein? Die chinesische Bevölkerung setzt sich aus drei Gruppierungen zusammen: den führenden Politikern und Mitgliedern der kommunistischen Partei, deren einziges Ziel es ist, sich an der Macht zu halten, den Studenten und Intellektuellen, die die Anführer der Demokratisierungsbewegung sind; der Masse der chinesischen Bevölkerung.

Sollten die ausländischen Regierungen sich nicht von dem Problem betroffen fühlen, ist das Risiko groß, daß die Minderheit, die heute in China an der Macht ist, diese behalten wird und die Vorkämpfer des Demokratisierungsprozesses die Hoffnung verlieren. Da China außerdem im Besitz von Atomwaffen ist und im Haushaltsetat die Rüstung an erster Stelle steht, bleibt – solange das totalitäre Regime sich hält – Anlaß zu ernster Besorgnis.

Sie haben 1989 den Friedensnobelpreis erhalten. Hat das Ihrer Sache geholfen?

Ganz gewiß hat es zu einem größeren Wissen um die tibetische Sache beigetragen. Es heißt stets, daß der Dalai Lama von Tibet diese Auszeichnung erhalten hat. Niemand sagt, es sei ein Lama aus China gewesen!

Sie glauben weiterhin an das Gute im Menschen, an seine Großzügigkeit. Ist das heutzutage nicht etwas überholt? Wird Ihre Religion, die sich auf Gewaltlosigkeit gründet, nicht eines Tages mit dieser Tradition brechen müssen?

Nein, nein, nein! Ich glaube fest an den Wert der Gewaltlosigkeit. Ereignisse der jüngsten Vergangenheit wie das Ende der Marcos-Diktatur auf den Philippinen, das Ende der Diktatur von Pinochet in Chile und die Veränderungen in Rußland und in anderen Ländern haben gezeigt, daß solche Umwälzungen nicht nur durch den Einsatz von Gewalt und Waffen erreicht werden können, sondern auch auf gewaltlose Weise. Und vor kurzem ist es Israel und den Palästinensern gelungen, in einem Geist der Versöhnung einen Schlußstrich unter die Zeit des von beiden Seiten geschürten Hasses und Tötens zu ziehen. Ich erblicke darin positive Zeichen zugunsten des Prinzips der Gewaltlosigkeit.

Die Menschen realisieren, daß Gewaltlosigkeit die wirksamste und geeignetste Methode zur Lösung von Spannungen ist. Auf Gewalt mit Gewalt zu reagieren führt zu Problemen, wie sie Bosnien erlebt, und zu Leiden ohne Ende. Wenn man die Betreffenden dort nach dem

Grund für ihre kriegerischen Auseinandersetzungen fragte, würden sie wohl kaum eine wirkliche Antwort darauf wissen. Sie finden sich in Situationen verstrickt, die keine Kontrolle über die Emotionen mehr zulassen und keinen Raum mehr für vernünftiges Überlegen. Begreifen Sie das? Was mich betrifft, so verstärkt dies nur mein grundsätzliches Vertrauen in das Prinzip der Gewaltlosigkeit.

Ihr Land ist seit vierzig Jahren von den Chinesen besetzt. Glauben Sie wirklich, daß Tibet auf dem Weg der Gewaltlosigkeit seine Souveränität wiedergewinnen kann? Und wenn ja, wann?

Man darf nie vergessen, daß Tibet und China immer gute Nachbarn gewesen sind und dies bleiben müssen. Damit diese Nachbarschaft in Zukunft friedlich und harmonisch sein kann, müssen die Probleme, die uns heute trennen, unbedingt auf gewaltfreie Weise gelöst werden. Wenn wir sie mit dem Einsatz von Gewalt zu lösen versuchten, bliebe ein Ressentiment zwischen beiden Völkern zurück, das dieser späteren harmonischen Nachbarschaft im Wege stehen würde. Sicherlich dauert es länger, diese Ziele zu erreichen, wenn man dem Weg der Gewaltlosigkeit folgt. Er bringt aber, meiner Meinung nach, die besseren und dauerhafteren Resultate. Die Welt hat sich verändert. Der demokratische Umsturz in einigen Ländern ist auf gewaltlose Weise erreicht worden. Was uns betrifft, so haben uns – weil wir eine gewaltfreie Position vertreten – viele Chinesen ganz offen ihre Unterstützung für unseren Kampf um die Unabhängigkeit und ihre Sympathie für unsere Sache erklärt. Und aus dem gleichen Grund unterstützen uns heute viele Nationen noch stärker als bisher. Ich sage meinem Volk oft, daß unsere

Wahl eines gewaltfreien Weges zu einer demokratischen Staatsform für das zukünftige Tibet nicht nur ein für uns geltendes Ziel ist, sondern der übrigen Welt als Beispiel dienen sollte. Auf dem Weg der Gewaltlosigkeit nach Frieden zu streben heißt, Intelligenz und Geschick miteinander zu verbinden.

Stimmt es, daß immer mehr junge Tibeter die Freiheit mit der Waffe in der Hand erringen wollen? Was können Sie denen sagen?

Diese Gefahr existiert. Sowohl in Tibet wie auch außerhalb, und nicht nur unter den Jungen, sondern auch bei den Alten, weil die chinesische Regierung die Sprache der Wahrheit und Gerechtigkeit anscheinend nicht verstehen will. Wenn man mir vorhält, daß ich seit vierzehn Jahren unseren Kampf auf gewaltlose Weise führe, ohne etwas erreicht zu haben, kann ich dem wenig entgegensetzen. Und es gibt Momente, da auch ich die Hoffnung verliere. Ich glaube jedoch, daß wir in solchen Momenten noch stärker an unsere Vernunft appellieren müssen. Es bleibt meine tiefe Überzeugung, daß das Gute ein Grundzug der Natur des Menschen ist und daß wir, trotz der mageren Resultate in der Vergangenheit, mit friedlichen Mitteln zu einer Lösung kommen werden. Wenn man sich dazu hinreißen läßt, an den Einsatz von Gewalt zu denken, kommen die in unserem Geist vorhandenen Emotionen und Leidenschaften hoch, um am Ende die Herrschaft über uns zu gewinnen. Die Vergangenheit hat uns immer wieder gezeigt, daß der Einsatz von Gewalt zur Lösung eines Konflikts stets von extrem negativen Reaktionen begleitet ist und daß sich anschließend große Schwierigkeiten ergeben. Wenn man die Leidenschaften nicht mehr kontrollieren kann, kommt es zu Situationen wie zum

Beispiel in Bosnien. Deshalb bin und bleibe ich für Gewaltlosigkeit.

Ich hatte vor einigen Jahren das Glück, nach Lhasa reisen zu können, und im vergangenen Jahr bin ich in Labrang und Kumbum gewesen. Ich war aufs höchste bestürzt zu sehen, wie viele Chinesen sich in diesen Städten niedergelassen haben. Was wird mit dieser chinesischen Bevölkerung, die in Tibet lebt und heute zahlengleich mit der tibetischen Bevölkerung ist, geschehen, wenn Tibet seine völlige Autonomie und Freiheit wiedererlangt haben wird?

Unter den vielen Chinesen, die sich in Tibet niedergelassen haben, muß man zweierlei Gruppierungen unterscheiden. Da gib es zuerst jene, die die tibetische Kultur und Tradition achten und deshalb in Eintracht mit dem tibetischen Volk leben können. Hier gibt es keine Probleme! Für eine große Zahl von chinesischen Einwanderern gilt jedoch, daß sie nur Verachtung für die tibetischen Traditionen übrig haben und in andauerndem Widerstreit mit der tibetischen Kultur leben. Ein Zusammenleben mit ihnen würde vermutlich für beide Seiten, für sie wie für uns, unerfreulich sein.

Wie ist es möglich, keinen Haß gegen die Chinesen, die einen vernichten wollen, zu empfinden?

Aus buddhistischer Sicht ist es besonders wichtig, die Verbindung zwischen dem Peiniger und seinem Opfer zu verstehen. Was tut jemand, der aus einer böswilligen Gesinnung heraus jemandem Schaden zufügt? Er handelt sich damit qualvolles Leiden in der Zukunft ein, als karmisches Resultat seines negativen Handelns. Derjenige hingegen, der im Augenblick die Schmerzen und das

Unglück erduldet, erschöpft damit die karmischen Folgen seiner destruktiven Taten in der Vergangenheit. Durch sein augenblickliches Leiden reinigt er sein schlechtes Karma und verhindert neue negative Prägungen. Wenn wir also erkennen, welches Leid den, der uns Böses antut, später erwartet, werden wir weit davon entfernt sein, ihn als unseren Feind oder als hassenswert anzusehen. Er wird für uns zum Gegenstand ganz besonderen Mitgefühls. Diese Art von Überlegung kann eine große Hilfe sein.

Wenn man die heute herrschenden Zustände in Tibet und die Beziehung zwischen Tibetern und Chinesen betrachtet, so sind erstere die Unterdrückten und letztere die Unterdrücker. Weil den Chinesen bisher ihr brutales Werk gelungen ist, scheint ihr Eroberungwille von Erfolg gekrönt, sie müßten eigentlich glücklich sein. Tatsächlich aber sehen die Tibeter meist viel glücklicher aus als ihre Unterdrücker. Dies ist ein zusätzlicher Grund einzusehen, daß es angebracht ist, den Chinesen gegenüber Mitgefühl zu entwickeln und nicht Haß.

Kann eine Demokratie, wie Sie sie für Tibet wünschen, auf eine Armee und ein Verteidigungssystem verzichten?

Gute Beziehungen zwischen Indien und China, den beiden bevölkerungsreichsten Ländern der Erde, sind unerläßlich, um den globalen Frieden sowie die Eintracht in diesem Teil der Welt zu sichern. Da die traditionelle Rolle Tibets als Pufferzone zwischen diesen beiden Staaten entfällt, stehen sich heute zwei schlagkräftige Armeen direkt gegenüber. Die Situation hat sich sehr verändert, und die Spannungen werden immer spürbarer. Deshalb ist es mein Ziel, aus Tibet – gleichgültig wie sein zukünftiger politischer Status aussehen wird – eine entmilitarisierte und atomwaffenfreie Zone zu machen, damit das Land, aufgrund seiner strategischen Lage, wieder zu einem Garanten des Friedens für dieses Gebiet wird. Für die beiden Nachbarstaaten würde das ohne Zweifel von großem Vorteil sein. Es würde sich übrigens nicht um einen beispiellosen Fall handeln. Costa Rica, seit vierzig Jahren ein blühendes Land, ist völlig entmilitarisiert. Sein Lebensstandard ist höher als der seiner Nachbarstaaten, und zwar einfach deshalb, weil es im Gegensatz zu diesen in seinem Staatshaushalt keine großen militärischen Ausgaben einplanen muß. Ich betone stets und überall, daß Entmilitarisierung nichts ist, was ausschließlich uns betrifft. Es handelt sich um eine Frage, die von allen Staaten bedacht werden sollte.

Die auf Gewaltlosigkeit basierende tibetische Kultur, die eine zutiefst buddhistische Kultur ist, hat überall da, wo sie Fuß faßte, inneren Frieden und Gelassenheit wachsen lassen: im Himalaja, in der Mongolei und sogar in Gebieten, die zur UdSSR gehörten. Übrigens findet man auch in China in vielen Gegenden Klöster und Tempel im tibetischen Stil, die deutlich machen, wie groß der Einfluß unserer Kultur auf diesen Teil Asiens war. Sie könnte sogar eine Hilfe für die Chinesen sein, immerhin ist ihnen der Buddhismus nichts Fremdes. Deshalb sollten speziell sie am Überleben der tibetischen Kultur und des tibetischen Volkes in diesem Teil der Welt interessiert sein.

Das Überleben der tibetischen Nation ist also nicht nur vom moralischen Standpunkt her zu fordern, sondern auch aus praktischen Erwägungen.

WORTE DER WAHRHEIT

Gebet

Oh, Ihr Buddhas und Bodhisattvas
der Vergangenheit, Gegenwart und Zukunft
und Eure Schüler:
Ihr, die Ihr über unbegrenzte Fähigkeiten verfügt
und alle hilflosen Wesen
als Eure Kinder betrachtet,
hört meinen klagenden Ruf nach Recht!

Verbreitet die Lehren des Buddha,
die vom Leiden des Samsara
und der Begrenztheit des Nirvana befreien
und überall in dieser weiten Welt
Glück und Gedeihen bewirken.
Veranlaßt jene gelehrten und verwirklichten Wesen,
die sich den Dharma zu eigen gemacht haben,
die zehn Übungen des Dharma zu fördern.

Den Auswirkungen ihres negativen Verhaltens unterworfen,
sind die Lebewesen in einer ausweglosen Lage
und werden unaufhörlich von Leiden gequält.
Nehmt ihnen die unerträglichen Leiden, hervorgerufen
durch grausame Kriege, Hungersnöte und Krankheiten
und tröstet sie mit Glück und Frieden.

149

Besonders das fromme Volk des Schneelandes
wird gnadenlos unterdrückt
von unmenschlichen, kriegerischen Heeren,
die alles Wertvolle zerstören.
Laßt die Kraft des Mitgefühls sich entfalten,
damit dieser Strom aus Blut und Tränen endlich versiegt.

Vom Dämon der negativen Emotionen entmenscht,
handeln sie voller Brutalität
und zerstören sich, indem sie andere zerstören.
Mögen die rohen und grausamen Wesen –
Objekte unseres Mitgefühls –
das Gute vom Bösen unterscheiden lernen
und die Qualitäten der Freundschaft und Liebe entwickeln.

Der Wunsch, der uns schon so lange
am Herzen liegt, ist die uneingeschränkte
Freiheit für Tibet.
Gewährt uns rasch die Möglichkeit
zur glücklichen Feier der Bindung der spirituellen an die
weltliche Macht.

Für die Lehren und die Meister,
für ihr Land und ihr Volk
haben die Menschen unzählige Prüfungen ertragen,
haben alles geopfert, auch das ihnen Teuerste,
    das eigene Leben.
Chenrezig, schütze sie mit Deinem Mitgefühl.

Ich bete also, daß all die tiefen Bittgebete,
die Chenrezig vor den Buddhas und Bodhisattvas
für das Schneeland gesprochen hat,
heute in Erfüllung gehen mögen.

Durch die Interdependenz von Leerheit und relativen Erscheinungen,
durch das Mitgefühl
der Drei Juwele und ihrer Worte der Wahrheit
und durch die Kraft des unfehlbaren Gesetzes von Ursache
  und Wirkung
möge sich mein Gebet um unser Recht
rasch und uneingeschränkt erfüllen!

Tenzin Gyatso, 14. Dalai Lama

IV
JENSEITS DER DOGMEN

WORTE UND VERHALTEN
IN EINKLANG MITEINANDER BRINGEN

Der Buddhismus bedeutet für Europa eine neue Tradition, eine Religion, die es bisher hier nicht gab. Es ist ganz normal, daß jene, die sich für den Buddhismus in seiner tibetischen Form interessieren, sich daneben weiterhin über andere Traditionen, andere Religionen informieren und sie studieren. Jenen, die ernsthaft daran denken, zum Buddhismus überzutreten, sei Vorsicht angeraten. Man darf diesen Schritt nicht auf die leichte Schulter nehmen. Wenn man vorher nicht reiflich überlegt hat, gerät man später oft in Schwierigkeiten und inneren Zwiespalt. Ich empfehle also allen, die zum Buddhismus übertreten wollen, sich dies vorher genau zu überlegen.

Wenn man jedoch zu der Überzeugung gelangt, daß die buddhistische Lehre den eigenen Vorstellungen am ehesten entspricht, ist es richtig, diesen Schritt zu tun. In Anbetracht der menschlichen Natur ist es denkbar, daß man dann – auch um den Übertritt zu rechtfertigen – die Neigung verspürt, seine angestammte Religion zu kritisieren. Das sollte unter keinen Umständen geschehen! Denn für andere mag sie durchaus der richtige Weg zu innerem Frieden und letzter Erkenntnis sein. Deshalb müssen wir als Buddhisten die anderen Religionen respektieren. Wir bemühen uns gegenwärtig darum, Harmonie zwischen allen Religionen herzustellen und zu bewahren. Unter diesen Umständen ist es unerläßlich, sich über die Notwendigkeit der Achtung anderer Religionen im klaren zu sein.

Im Tibetischen Buddhismus ist man stets bestrebt, Studium und Praxis miteinander in Einklang zu bringen. Sicher kommt es vor, daß man sich mehr oder weniger ausschließlich dem Studium widmet. Einige betreiben ihr Studium eben sehr intensiv, andere geben sich mit einem begrenzten Wissen zufrieden. Wie dem auch sei – niemals dürfen Studium, Nachdenken und Meditation voneinander getrennt werden.

Mir liegt daran zu betonen, wie wichtig es ist, jedes Sektierertum zu vermeiden. Des öfteren wird den Unterschieden zwischen den Schulen und Traditionen innerhalb des Buddhismus übertriebene Bedeutung beigemessen, was im Hinblick auf den Dharma zur Anhäufung ausgesprochen negativen Karmas führt. Der Vorteil eines nichtsektiererischen Denkens liegt darin, daß man zu einem besseren Verständnis der verschiedenen Unterweisungen gelangt, wenn man die Übermittlung der Lehren, Initiationen und Erläuterungen von verschiedenen Traditionen erhält. Aus eigener Erfahrung weiß ich, wie außerordentlich nützlich dies ist. Dadurch, daß wir die verschiedenen Übermittlungslinien kennenlernen, darüber nachdenken und sie praktizieren, vertieft sich unser Verständnis des Dharma.

In Tibet gab es traditionellerweise zwei Arten des Vorgehens von seiten der großen, gelehrten und verwirklichten Meister. Während die einen sich auf Studium und Praxis ihrer eigenen spirituellen Übermittlungslinie konzentrierten, erweiterten andere unter dem Gesichtspunkt einer nichtsektiererischen Haltung das Gebiet ihres Stu-

diums und ihrer Praxis des Buddhismus. Die nichtsektiererische Tradition ist eine der nachahmenswertesten Züge
der Kultur Tibets und außerordentlich wichtig für unsere
Zeit.

Es gibt einen weiteren Punkt, den ich ansprechen möchte.
Seit etwa drei Jahrzehnten wächst das Verbreitungsgebiet
des Buddhismus weltweit. Dazu haben Tulkus, Geshes
und Lamas, unterstützt von Tausenden von Studenten
und Schülern, einen großen Beitrag geleistet. Gleichzeitig
sind manchmal etwas ungute Situationen entstanden und
Schwierigkeiten aufgetreten, die auf ein Übermaß an
blindem Glauben von seiten der Schüler zurückzuführen
sind, aber auch auf gewisse Lehrer, die aus der Abhängigkeit ihrer Schüler Vorteil gezogen haben. Das hat gelegentlich zu Skandalen, zu sexuellem oder finanziellem
Mißbrauch geführt. Ich erinnere deshalb mit allem Nach-
druck daran, nicht zu vergessen, daß es unser Ziel ist, den
Dharma in makellosem Zustand zu bewahren. Dies gilt
für Schüler wie Lehrer gleichermaßen. Wir alle tragen die
Verantwortung dafür!

Buddha spricht in seinen Lehren von den vier Arten,
Schüler um sich zu sammeln. Die sechs Paramitas übt
man, um sein eigenes Wohl zu fördern, und die vier
Arten, Schüler um sich zu sammeln, um das Wohl der
anderen zu mehren. Es handelt sich dabei um großzügiges
Geben, freundliches Sprechen, tatkräftiges Helfen und
das In-Einklang-Bringen von Worten und Taten. Vor
allem letzteres muß stets erinnert werden. Wenn es einem
nicht gelingt, den eigenen Geist zu meistern, kann man
unmöglich den der anderen führen. Fundamentale Voraussetzung für jene, die behaupten, anderen helfen zu
wollen, ist die Disziplinierung des eigenen Geistes. Deshalb ist es heutzutage für alle, die Schüler um sich scharen,

so wichtig, sich immer wieder die entsprechenden Lehren Buddhas in Erinnerung zu rufen: Wie man anderen hilft und wie man dabei stets Worte und Taten miteinander in Einklang bringt.

Was die Schüler betrifft, so sollen sie sich nicht auf einen Meister stürzen wie ein Hund auf ein Stück Fleisch, um ein tibetisches Sprichwort zu gebrauchen. Man darf sein Vertrauen keinesfalls übereilt in einen Lehrer setzen. Bevor man durch das Empfangen seiner Unterweisungen eine spirituelle Bindung mit ihm eingeht, sollte man sich Zeit nehmen, alles reiflich überlegen und seine Qualitäten testen. Wenn man seinen Belehrungen lauscht, ist es am Anfang besser, in ihm nicht sofort «meinen» Meister zu sehen, sondern ihn eher als einen spirituellen Freund zu betrachten. Und erst allmählich, nachdem wir ihn aufmerksam beobachtet haben und zu der Überzeugung gekommen sind, daß es sich wirklich um einen qualifizierten, vertrauenswürdigen und authentischen Lehrer handelt, können wir seinen Unterweisungen als denen «unseres» Meisters folgen. Man sollte also nichts überstürzen.

Der nächste Punkt geht die Dharma-Zentren an und betrifft unser Gebet, das wir ständig wiederholen: «Mögen alle Wesen Glück und dessen Ursachen erreichen!» Das ist etwas, was wir ganz direkt umsetzen sollten, indem wir uns nützlich machen, zum Beispiel durch Aktivitäten der verschiedensten Art. Was nicht unbedingt bedeuten muß, daß Sie Ihre Schützlinge den Dharma lehren sollen. Sie sollten eher die Unterweisungen auf sich selbst anwenden, um so den anderen besser helfen zu können. Ich meine, diese aktive Zuwendung sollten wir fördern. Hierin liegt der Sinn unseres ständigen Gebets: «Mögen alle Wesen Glück finden und vom Leiden befreit werden.» Wenn wir auch nur einem einzigen Wesen in diesem Sinne Gutes tun, erfüllen wir einen Teil des Versprechens, das Inhalt dieses Gebets ist. Darüber hinaus hätte auf diese Weise die buddhistische Gemeinde der jeweiligen Zentren eine soziale Aufgabe, was mir für das Funktionieren dieser Zentren sehr wichtig erscheint.

Es ist für Buddhisten keine Verpflichtung, sich vegetarisch zu ernähren. Ich meine aber, daß anläßlich gelegentlicher größerer Treffen, Feste oder Belehrungen, wo die Dharma-Zentren eine große Zahl von Teilnehmern bewirten, ausschließlich vegetarische Kost angeboten werden sollte.

Wir sprechen sehr oft das Gebet: «Mögen die Lehren des Buddha sich verbreiten.» Wenn Tibet seine Freiheit wiedererlangen würde, trüge dies mit Sicherheit dazu bei, daß die tiefgründigen Lehren Buddhas – einschließlich des Kleinen und Großen Fahrzeugs und der Gesamtheit der Tantras – überdauern. Es besteht also ein eindeutiger Zusammenhang zwischen Tibets Freiheit und der Erhaltung der Lehre. Wäre dies anders, wäre die Freiheit Tibets lediglich eine politische Frage, sähe ich in meiner Eigenschaft als Mönch und Anhänger der buddhistischen Tradition keinen Grund, mich in diesem Maße darum zu kümmern und zu sorgen. Auch bei meinem Vorschlag, aus Tibet eine entmilitarisierte Friedenszone zu machen, handelt es sich – obgleich der Begriff «Entmilitarisierung» kein eigentlicher Dharma-Ausdruck ist – um ein Projekt, das aufs innigste mit dem Dharma verknüpft ist.

Letzter Punkt: Unser Geist sollte voller Freude sein, und wir sollten lachen können.

RELIGION UND GLÜCK

Die Erde zählt ungefähr 5 Milliarden Bewohner. Rund ein Drittel davon sind Anhänger einer Religion oder eines spirituellen Weges. Ein zweites Drittel lehnt jede Religion ab und betrachtet sie als Gift für den Geist, und das letzte Drittel ist indifferent, weder dafür noch dagegen.

Alle Menschen möchten Glück und Zufriedenheit erlangen und vom Leiden verschont bleiben. In diesem Sinne unterscheiden wir uns nicht voneinander. Vergleichen wir nun jene, welche einen Glauben haben, mit denen, die jede Religion kategorisch ablehnen. Wenn man sich fragt, wer von ihnen glücklicher und zufriedener ist, wird man feststellen, daß sie im Fall von Schwierigkeiten und Problemen unterschiedlich reagieren. Wer ohne jede spirituelle Ausrichtung ist, dessen Geist wird leicht von negativen Emotionen überwältigt. Er hat nichts, worauf er beim Umgang mit Schwierigkeiten bauen kann. Menschen mit einem spirituellen Hintergrund dagegen können auf etwas vertrauen und sind daher besser gerüstet, Problemen gelassen zu begegnen. Vergleichen wir die Reichen mit den Armen, scheint es oft so, als seien die Habenichtse in Wirklichkeit die Leute mit den wenigsten Sorgen – während viele Reiche nicht in der Lage sind, ihren Reichtum mit Intelligenz zu nutzen. Sie sind ständig unruhig und besorgt, voller Zweifel und hin und her gerissen zwischen Hoffnung und Trübsal – obwohl ihr

Leben doch offensichtlich von Erfolg gekrönt ist. Ein spiritueller Weg, eine Religion ist mit Sicherheit außerordentlich hilfreich und nützlich, mit Schwierigkeiten fertig zu werden, die unsere normalen Kapazitäten übersteigen. Ich sage meinen Freunden oft: Sollte sich herausstellen, daß diejenigen, die jede spirituelle Tradition ablehnen, die glücklicheren sind, sollten wir es ihnen gleichtun, denn mit unserer spirituellen Praxis streben wir ja nach nichts anderem als nach Glück und Befriedigung!

Die Hochreligionen zerfallen in zwei Gruppen. Die eine glaubt an einen Schöpfergott, die andere legt den Akzent eher auf die Transformierung des Geistes. Im Buddhismus wird die Transformierung und Meisterung des Geistes *Nirvana* genannt. *Samsara* heißt, daß wir der Sklave unseres Geistes bleiben, unfähig, ihn zu kontrollieren. Die zwei Hauptaspekte, die die buddhistische Religion kennzeichnen, sind das gewaltlose Verhalten, das heißt die Maxime, niemandem Schaden zuzufügen, und die Sichtweise der Interdependenz.

Wie setzt man Gewaltlosigkeit in die Tat um, wie erlangt man das von allen angestrebte Glück? Dieses Glück hängt von zahlreichen Ursachen und Bedingungen ab. Doch der Kernpunkt ist, daß unsere Fähigkeit, den Geist zu üben, zu transformieren und zu meistern, in Zufriedenheit und Glück mündet, während unser Unvermögen, diese Transformierung zu erreichen, zunehmendes Leid bringt. Es ist also sinnvoll, sich entsprechend zu verhalten, damit die Resultate unseres Handelns sich nicht unserem Streben nach Glück in den Weg stellen. Alles, was uns diesem Ziel näherbringt, müssen wir nutzen.

Wenn man Anfängern die Struktur des Weges zum Erwachen beschreibt, spricht man von den Fünf Pfaden und den Zehn Stufen (Sanskrit *bhumi*). Auf ihnen graduell fortschreitend, wird die Allwissenheit der Buddhaschaft erreicht. Man spricht in diesem Zusammenhang von den drei *kaya*, dem *Dharmakaya* oder absolutem Körper, dem *Sambhogakaya* oder Körper der Freude des Dharma und dem *Nirmanakaya* oder Körper der Manifestation. Die beiden letzteren gehen aus dem unendlichen Raum der Weisheit des Dharmakaya hervor, der Ebene des Absoluten, symbolisiert durch den uranfänglichen Buddha Samanthabhadra, dessen blaue Farbe seine Unwandelbarkeit andeutet. Seine weibliche Form ist Samanthabhadri, die den Aspekt der uranfänglichen Reinheit repräsentiert. Wenn man von Samanthabhadra und Samanthabhadri spricht, betrachtet man sie nicht als Schöpfer, obwohl aus ihrer Sphäre der Weisheit Samsara und Nirvana hervorgegangen sind.

Es ist sicherlich wichtig, die verschiedenen Etappen des spirituellen Weges zu kennen. Es ist aber auch ganz wesentlich, uns im Alltagsleben in der rechten Weise zu verhalten. Den Kadampa-Meistern zufolge sehen manche Menschen, sofern ihr Bauch voll ist und die Sonne scheint, wie Dharma-Praktizierende aus. Sowie jedoch widrige Umstände ihren Frieden stören, geht diese Fassade sofort zu Bruch – sie werden ärgerlich und streiten miteinander. Das darf uns nicht passieren. Wir müssen deshalb unbedingt Buddhas Lehren auf unser tägliches Leben anwenden.

Welches sind die Haupttugenden, die wir in unserer Alltagspraxis entwickeln müssen? An erster Stelle stehen da ein gutes Herz, Geduld und Toleranz; außerdem sollte man wissen, wie man mit wenig zufrieden sein kann – Einstellungen und Haltungen, die alle Religionen hochschätzen.

Wie geht man im Buddhismus vor, um das Ziel, nämlich Glück und Zufriedenheit, zu erreichen? Man muß sich zu diesem Zweck Gedanken machen über das karmische Gesetz von Ursache und Wirkung, über den unbefriedigenden Zustand in Samsara, und wie wir unser Glück erlangen können, indem wir das Leiden der anderen lindern. Haß und Boshaftigkeit stören unseren Frieden und unser Glück am meisten. Wenn Haß einmal mit aller Macht zum Ausdruck gekommen ist, fällt es sehr schwer, ein Gegenmittel anzuwenden. Man muß deshalb versuchen, alles zu unterbinden, was ihn hervorrufen könnte. Eine seiner Hauptquellen ist die Unzufriedenheit. Damit sie nicht in uns aufkeimt, sollte unser Geist stets in einem Zustand der Gelassenheit verweilen, ausgeglichen, entspannt und offen sein. Wir müssen uns auch immer bewußt sein, daß unser Glück aufs engste mit dem der anderen verknüpft ist und von allen Wesen, die uns umgeben, abhängt. Wenn wir uns also manchmal glücklich fühlen und zufrieden sind, erkennen wir darin eine Dankesschuld an die Güte aller Wesen!

Es kann vorkommen, daß wir in diesem Leben auf Feinde treffen, Menschen, die uns Böses wollen und tun. Güte, Mitgefühl und Bodhichitta – der Erleuchtungsgeist – sind die Quintessenz des buddhistischen Weges und besonders des Mahayana, des Großen Fahrzeugs, und wenn jemals Haß und Wut in uns aufkommen sollten, muß die Kraft unseres guten Herzens, unseres Erleuchtungsgeistes, diesen negativen Emotionen widerstehen. Geduld zu üben ist also unerläßlich. Ohne sie kann der Weg des Bodhisattva nicht gegangen werden.

Wenn wir uns fragen, wie wir diese Geduld entwickeln und üben können, wird klar, daß wir dafür auf einen Feind angewiesen sind, denn wir werden sie nicht den Buddhas, den Meistern oder unseren spirituellen Freunden gegenüber zu praktizieren haben. Wir haben es vielmehr denen zu danken, die uns schaden wollen, den sogenannten Feinden, daß wir tatsächlich Geduld entwikkeln und fördern können. Sie geben uns die einzigartige Chance, mit der Entfaltung von Geduld auch alle anderen Qualitäten des Bodhisattva-Weges zu entwickeln. Wir sollten unseren Feind deshalb nicht als etwas Negatives betrachten, sondern ganz im Gegenteil, ihn dafür respektieren und achten, daß er uns die Möglichkeit eröffnet, den Weg der Bodhisattvas zu praktizieren. Herzensgüte und Nächstenliebe zu beweisen bringt uns Mut und Sicherheit; unser Leben wird dadurch Tag für Tag glücklicher, ausgeglichener, zufriedener. Ich persönlich bemühe mich, all meine bescheidenen Kräfte in diese Richtung zu lenken.

Wenn es uns gelingt, auf diese Weise zu praktizieren, werden wir Tag für Tag, Monat für Monat, Leben für Leben Fortschritte machen und in den Genuß eines immer vollkommeneren Glücks kommen.

FRAGEN

Was kann der Dharma dem Westen geben?

Der Buddhismus kann den Schwestern und Brüdern, Nonnen und Mönchen ebenso wie den praktizierenden Laien helfen, Liebe und Mitgefühl noch stärker zu entwickeln, jene Tugenden, die das Herz aller Religionen sind. Er kann auch zu einer besseren Konzentration in der Kontemplation beitragen.

Wie lassen sich Weltliches und Spirituelles harmonisch miteinander verbinden?

Was unser alltägliches Tun angeht, so sprechen wir von

den acht weltlichen Anliegen. Es handelt sich dabei um die Bedeutung, die man Freude und Schmerz, Gewinn und Verlust, Ruhm und Glanzlosigkeit, Lob und Kritik beimißt. Im äußersten Fall wird der Geist eines Menschen, der vollständig von diesen weltlichen Anliegen beherrscht ist, stets von Böswilligkeit angetrieben, oder auch von der Gier nach Besitz auf Kosten anderer, was bis zum Betrug gehen kann. Hier sind wir weit von einem spirituellen Weg entfernt. Es gibt jedoch ein alltägliches Handeln, das von positiven Gefühlen bestimmt ist. Wenn die Einstellung und Motivation eines Menschen, in dessen Hände die wirtschaftliche Führung eines Landes oder Ortes liegt, von gutem Willen und dem Wunsch nach dem Wohl der anderen inspiriert ist, dann lassen sich Weltliches und Spirituelles wirklich leicht miteinander vereinen.

INNERE ABRÜSTUNG

Als erstes möchte ich zum Ausdruck bringen, welche Freude es für mich bedeutet, hier bei Ihnen zu sein, in der Gesellschaft der Oberhäupter und Vertreter aller großen Weltreligionen. Besonders glücklich bin ich darüber, diesen Wallfahrtsort [Lourdes] kennenzulernen, der soviele Gläubige anzieht, weil er ein gesegneter Platz ist. Unsere Botschaft, die wir heute an alle Wesen richten, ist eine Botschaft des Friedens und der universellen Liebe. Ich bin dankbar für die mir gegebene Gelegenheit eines gemeinsamen Gebets an diesem heiligen Ort.

Ich danke Ihnen auch dafür, die furchtbaren Schrecken des Krieges am Beispiel Sarajevos angesprochen zu haben. Die Dramen, die sich dort abspielen, machen uns deutlich, wie schwer es ist, die Leidenschaften zu zügeln, die für ihre Entfesselung keinen stichhaltigen Grund zu haben scheinen, und wie schwer es ist, eine Lösung zu finden, wenn Emotionen einmal außer Kontrolle geraten sind.

Ich halte deshalb den inneren Frieden, die innere Abrüstung für etwas ganz Wesentliches. Denn zu einem Weltfrieden zu gelangen, ohne Frieden im eigenen Geist hergestellt zu haben, dürfte kaum möglich sein! Dieser Gedanke, daß wir zuerst Frieden in uns selbst schaffen müssen, um Frieden in der Welt draußen schaffen zu können, sollte meiner Meinung nach von den Schulen, den Medien und den Politikern immer wieder betont werden. Denn wenn der Geist der Menschen von Aggressivität, Bosheit und Neid bestimmt ist, wird es nicht lange dauern, bis sich diese latente Aggressivität an einem äußeren Anlaß entzündet und zum Ausbruch kommt.

Ich glaube, daß dieses Treffen heute von großer Bedeutung ist. Die Betonung eines guten Herzens, der Nächstenliebe und der Toleranz ist unbestrittene Gemeinsamkeit aller Religionen. Darauf müssen wir unsere Eintracht untereinander gründen. Der gegenwärtige Zustand der Welt gebietet dringend, diese Harmonie herzustellen – sowohl unter den Gläubigen wie auch unter den Repräsentanten der Religionen. Man sollte aber nicht meinen, daß die Tugenden der Nächstenliebe, Gutherzigkeit und Toleranz nur für jene reserviert sind, die einer Religion angehören. Sie sind grundsätzlich in jedem menschlichen Wesen angelegt.

Dieses Treffen heute weckt zwei Hoffnungen in mir. Einmal, daß die Tatsache, daß wir Repräsentanten der Religionen uns an diesem heiligen Ort des Christentums versammelt haben, dazu beiträgt, allen Menschen klar zu machen, wie notwendig es ist, inneren Frieden zu entwickeln. Zum anderen hoffe ich, daß diese Begegnung dazu beiträgt, unser gegenseitiges Verständnis zu vergrößern und die Achtung füreinander zu fördern. Wenn die Menschen die Eintracht sehen, die zwischen uns herrscht, könnten sie ermutigt werden, sich um mehr Heiterkeit und Frieden in ihrem Innern zu bemühen. Ich fordere deshalb alle Menschen auf, sich, diesem Beispiel folgend, um mehr Harmonie und Eintracht zu bemühen.

Die Befreiung aller Wesen

Laut buddhistischer Philosophie gibt es keinen Schöpfergott,
was viele Menschen, die an ein göttliches Prinzip glauben,
irgendwie erschreckt. Können Sie uns den Unterschied erklären
zwischen dem ursprünglichen Buddha, von dem das Vajrayana
spricht, und dem Schöpfergott?

Ich verstehe den ursprünglichen Buddha, auch Buddha
Samanthabhadra genannt, als die höchste Wirklichkeit,
die Sphäre des Dharmakaya – der unendliche Raum der
Leerheit –, in dem alle Phänomene, reine und unreine,
aufgehen. In den Sutras und Tantras werden die entsprechenden Erläuterungen dazu gegeben.

Doch was Ihre Frage angeht, so erklärt die tantrische
Tradition den Dharmakaya auf besondere Weise mit dem
Begriff des Klaren Lichts, der eigentlichen Natur des
Geistes, was besagen soll, daß alle Phänomene, Samsara
und Nirvana, sich aus dieser klaren und leuchtenden
Quelle heraus manifestieren. Man kann deshalb sagen,
daß diese höchste Quelle, das Klare Licht, der Vorstellung
eines Schöpfers nahekommt. Aber Vorsicht: Wenn ich
hier von Quelle spreche, darf dies nicht falsch verstanden
werden! Ich will damit nicht sagen, daß irgendwo eine
Art von gesammeltem Klarem Licht als Substrat existiert, ähnlich der nichtbuddhistischen Vorstellung von
Brahma. Dieser leuchtende Raum darf nicht deifiziert

werden! Verstehen wir es richtig: Wenn wir vom höchsten oder angeborenen Klaren Licht sprechen, so bezieht sich das auf eine individuelle Ebene. Auch wenn wir vom Karma als der Ursache des Universums sprechen, dürfen wir nicht in die Vorstellung verfallen, daß es hierbei um eine besondere, unabhängige Entität namens Karma ginge. Es sind kollektive karmische Prägungen, individuell angehäuft, aus denen die Erschaffung einer Welt hervorgeht.

Wenn wir unter Bezugnahme auf die Tantras sagen, daß sich die Gesamtheit aller Welten aus dem Klaren Licht heraus manifestiert, stellen wir uns diese Quelle nicht als eine besondere Entität vor, sondern als das Klare Licht jedes einzelnen Wesens. Ihrer essentiellen Reinheit wegen kann man sie auch als den ursprünglichen Buddha begreifen. Alle Etappen im Leben jedes einzelnen Wesens – Tod, Zwischenzustand und Wiedergeburt – sind nichts anderes als verschiedene Manifestationen des Potentials dieses Klaren Lichts. Es ist gleichzeitig Energie und allersubtilstes Bewußtsein. In dem Grad, wie es seine Subtilität verliert, nehmen unsere Erfahrungen Form an. Der Tod und der Zustand des Zwischenbereichs sind Augenblicke der Resorption der aus dem Klaren Licht hervorgegangenen grobstofflichen Manifestationen. Im Tod kehren wir zu dieser Ursprungsquelle zurück. Danach manifestiert sich aus ihr heraus ein etwas weniger subtiler Zustand, der des Zwischenbereichs, welcher dem Wiedergeborenwerden vorausgeht.

Im Stadium der Wiedergeburt manifestiert sich das Klare Licht in der physischen Verkörperung und im Tod finden wir dann wieder zu ihm zurück und so fort. Die Fähigkeit, das subtile Klare Licht – auch der ursprüngliche Buddha genannt – wiederzuerkennen, ist gleichbedeutend mit der Realisierung des Nirvana. Das Nichterken-

nen der Natur des Klaren Lichts ist die Ursache dafür,
daß wir die verschiedenen Daseinsbereiche des Samsara
durchlaufen müssen.

So verstehe ich den Begriff des ursprünglichen
Buddha. Ihn als eine seit anfangslosen Zeiten unabhängige, eigenständige Existenz zu sehen, wäre ein grober
Irrtum. Die Vorstellung eines unabhängigen Schöpfers
widerspräche dem «Leitfaden der Logik» von Dharma-
kirti und dem neunten Kapitel der Schrift von Shantideva,
in dem eine «Existenz per se» der Phänomene verneint
wird. Das gleiche gilt für den Begriff des ursprünglichen
Buddha. Im Buddhismus werden Behauptungen nur
dann als gültig akzeptiert, wenn sie einer logischen Prüfung standhalten. Sollte ein Sutra den ursprünglichen
Buddha wie eine autonome Entität beschreiben, darf man
dies nicht wörtlich nehmen, sondern muß es zu interpretieren wissen. Wir nennen diese Art von Sutra «auslegba-
res Sutra».

*Kann man Ihrer Meinung nach gleichzeitig Christ und Bud-
dhist sein?*

Ich habe diese Frage indirekt schon beantwortet, als ich
davon sprach, daß der Glaube an einen Schöpfer sich mit
dem Verstehen der Leerheit verbinden könnte. Ich halte
es für möglich, sich spirituell weiterzuentwickeln, indem
man Christentum und Buddhismus miteinander verbindet. Ab einer bestimmten Stufe muß man sich dann
allerdings für einen der beiden Wege entscheiden.

Vor einiger Zeit gab ich in den USA, in Arizona, eine
Reihe von Unterweisungen. Eine davon hatte Geduld
und Mitgefühl zum Thema und schloß mit dem Ablegen
der Bodhisattva-Gelübde. Ich fragte einen anwesenden
Priester, der diese Gelübde ablegen wollte, ob ihm das

erlaubt sei, und er sagte mir, er könne dies ohne weiteres tun und dabei Christ bleiben.

Die christliche Religion kristallisiert sich für uns in dem Christuswort «Liebet einander». Worin besteht Ihre Botschaft an die Menschen?

Meine Botschaft an alle ist: Nächstenliebe, ein gutes Herz und Mitgefühl. Das ist meines Erachtens der Kern dessen, was alle Religionen predigen. Auf der Basis dieser gemeinsamen Grundzüge können wir, ungeachtet philosophischer Meinungsverschiedenheiten, Eintracht zwischen allen spirituellen Traditionen herstellen. Dies ist ein Ziel, das ich beharrlich und mit hohem Einsatz verfolge. Die meisten Schwierigkeiten der Religionen untereinander verursachen Menschen, die ihren eigenen Geist nicht gewandelt und befriedet haben und ihre Religion den anderen aufzwingen wollen, obwohl sie selbst sie nicht wirklich praktizieren. Dieses unwürdige Verhalten kann ernste Spannungen heraufbeschwören. Ich stelle aber eine deutliche Annäherung unter einigen Religionen fest, insbesondere zwischen dem Tibetischen Buddhismus und dem Christentum. Wir haben in der Tat ein Austauschprogramm entwickelt, das für Mönche und Nonnen beider Traditionen sehr nützlich ist.

Im Westen befinden sich die christlichen Religionen in der Krise. Welchen Rat haben Sie für Christen, die zweifeln?

Aus meiner persönlichen Erfahrung heraus würde ich sagen, daß man sich mehr an den Kern, das Wesen seiner Tradition halten sollte und weniger an Rituale und Zeremonien. Der rituelle Aspekt ist von den wechselnden Sitten und Gebräuchen eines Ortes oder einer Zeit abhängig. Wichtig jedoch ist die Quintessenz einer Religion, darunter die Lehre vom fundamental leidvollen Zustand des menschlichen Daseins.

Welchen Sinn hat der Dialog zwischen der buddhistischen und der jüdisch/christlichen Tradition?

Wie ich schon sagte, haben die großen Weltreligionen trotz der verschiedenen philosophischen Anschauungen, eines gemeinsam: Alle haben das Wohl der Menschheit im Sinn. Der Austausch, der bisher stattgefunden hat, ermöglichte bereits ein besseres Verständnis der jeweiligen spirituellen Praxis. Besonders glücklich hat mich die Entdeckung der großen Ähnlichkeit im Bereich der Praxis und der Kontemplation gemacht. Auch etwas anderes hat mich sehr berührt, nämlich die Art und Weise, wie sich die Anhänger der christlichen Tradition unaufhörlich bemühen, in Form von karitativem oder sozialem Engagement zum Wohlergehen der Gesellschaft beizutragen. Es gibt solche Menschen auch im Buddhismus, aber nicht in so großer Zahl. Die praktizierte Nächstenliebe der Christen ist für uns ein Vorbild. Es ist unbestritten, wie sehr die Gemeinschaft der Christen im bisherigen Verlauf der Geschichte versucht hat – und dies wird sicher auch in Zukunft so sein –, die Leiden der Menschheit zu lindern und ihr Los zu verbessern.

Halten Sie die Lehren von Buddha und Christus für prinzipiell verschieden und wenn ja, worin sehen Sie den wichtigsten Unterschied?

Es gibt viele Übereinstimmungen und viele Unterschiede. Was die Unterschiede betrifft, so ist die philosophische Anschauung des Madhyamika, des Mittleren

Weges, die jede Form von substantieller und tatsächlicher Realität verneint, kaum mit den Kernlehren des Christentums zu vereinbaren. Andererseits haben manche meiner christlichen Freunde, wie ich schon erwähnte, den aufrichtigen Wunsch geäußert, die Bodhisattva-Gelübde abzulegen, und ich habe dem zugestimmt. Es gibt nämlich Bodhisattvas, die sich auszeichnen durch großen Mut, universelles Denken und ein überaus heilsames Verhalten, das aus einer zutiefst altruistischen, alle Wesen mit einbeziehenden Gesinnung hervorgeht, obwohl ihre philosophische Anschauung nicht der des Mittleren Weges entspricht. Also habe ich meinen Freunden gesagt, daß sie durchaus gleichzeitig praktizierende Christen sein und die Bodhisattva-Gelübde ablegen können.

Nehmen wir das Beispiel eines Bodhisattvas, der Vaibashika-Schule, dessen Streben nach dem vollkommenen Erwachen zum Wohl aller Wesen echt ist. Auch wenn seine philosophische Sicht dessen, was Buddhaschaft wirklich ist, ihn aufgrund ihrer Unvollständigkeit daran hindert, diesen allwissenden Zustand voll zu erlangen, so bleibt er nichtsdestoweniger ein echter und altruistischer Bodhisattva.

Kann man einem spirituellem Weg folgen, ohne religiös zu sein, also den Buddhismus als eine Art Lebenshygiene betrachten?

Ob man einer Religion folgen will oder nicht, ist eine rein persönliche Entscheidung. Wenn Sie keiner Glaubensrichtung angehören, sich also keine Gedanken über ein zukünftiges Leben machen, so ist es doch nicht weniger wichtig, ein warmherziger Mensch zu sein, der seinem Nächsten hilft. Sie werden dadurch nicht nur glücklicher und lebensfroher, sondern auch für die Gesellschaft, in der sie leben, zu einem nützlicheren und produktiveren Mitglied. Und auch wenn es Ihnen nicht wichtig ist, weil Sie nicht daran glauben: Sie werden dennoch die Früchte Ihres positiven, heilsamen Verhaltens in Ihrem nächsten Leben ernten und genießen.

Manchmal hört man sagen: Ich bin gläubig, praktiziere aber nicht. Ist eine solche Haltung in bezug auf die Lehren des Dharma möglich?

Aber sicher. Das trifft auf viele zu, auch auf Tibeter. Ein durch das soziale Milieu und die Landessitte bedingter Glaube bleibt oberflächlich, wenn er nicht wirklich praktiziert wird. Wenn man seinen Glauben stärken und vertiefen könnte, würde eine Art emotionaler Bindung entstehen und zur Inspiration für ein echtes Engagement werden. Am nachteiligsten ist es, wenn man zusätzlich zu seinem Glauben an die Lehre auch ein gewisses Niveau des Verstehens erreicht hat, ohne dies in sein Leben zu integrieren, so daß der Geist ungezähmt und ohne jede Spur von Transformation bleibt.

Glauben Sie nicht, daß die religiösen Zeremonien und Rituale uns vom Verstehen der Leerheit entfernen? Wäre Schlichtheit in diesem Punkt nicht förderlicher für den Weg zum Erwachen?

Das Beispiel von Milarepa, der nur wenige Rituale ausgeführt und sehr viel meditiert hat, zeigt, daß Zeremonien und Rituale nicht notwendig sind, um zur höchsten Verwirklichung zu gelangen. Nichtsdestoweniger haben sie ihren Sinn. Sie wurden von Vajradhara gelehrt, der mystischen, tantrischen Form von Buddha Shakyamuni. Ich sage nicht, daß er vorgeschrieben hat, wie viele Trommelschläge ausgeführt werden müssen und wie die

Zymbeln klingen sollen ... Es gibt viele, je nach Kontext und Umständen verschiedene Rituale. Einige werden abgehalten, um einen Sterbenden zu begleiten, andere, um Hindernisse zu beseitigen usw. Was zählt, ist, daß sie mit dem Erleuchtungsgedanken, Bodhichitta, ausgeführt werden oder zumindest mit einem gewissen Verständnis der Leerheit. Wenn diese Vorbedingungen erfüllt sind, haben sie mit Sicherheit eine heilsame Wirkung.

Ich wünsche mir, eine gewisse Verwirklichung zu erreichen, aber in Anbetracht der langen Zeit – es soll drei unendliche Äonen lang dauern, bis man Erleuchtung erlangt – erscheint mir dieser Wunsch als ausgesprochen anmaßend.

Es ist unbedingt nötig, seinen Geist auf einem spirituellen Weg zu üben. Die Zeit, die wir unter dem Einfluß der Unwissenheit und des Karma im Daseinskreislauf verbringen, ist so unendlich viel länger als diese von Ihnen genannten drei Äonen, die der spirituellen Praxis geweiht sind. Wenn wir das Engagement für einen authentischen spirituellen Weg jetzt nicht aufbringen, werden wir weiterhin unermeßlich viele zukünftige Leben hindurch unter dem Joch der Unwissenheit und des Karma leiden. Ist es nicht der Mühe wert anzufangen, das zu praktizieren, was uns auf dem von uns gewählten Weg gelehrt wird, mit dem Ziel, eines Tages die vollkommene Erleuchtung zu erlangen, auch wenn es sehr lange dauern sollte? Kein Tag wäre von nun an mehr verschwendet und verloren! Der Gedanke, dieses Leben und Äonen von zukünftigen Leben weiterhin zu vergeuden, wie schon seit anfangslosen Zeiten, wird unerträglich, wenn man erkennt, wie unvergleichlich kostbar jeder unserer spirituellen Entwicklung geweihte Tag ist.

Kann das große Mitgefühl realisiert werden, ohne daß die Leerheit realisiert wurde?

Die Antwort auf diese Frage gibt der buddhistische Text *Umagyen*, «Das Ornament der Ausführungen des Großen Fahrzeugs» von Maitreya, der zweierlei Abfolgen darlegt. Die erste betrifft den Praktizierenden mit überlegenen Fähigkeiten, der zuerst die Leerheit realisiert und über diese Verwirklichung zur Entwicklung des großen Mitgefühls und des Erleuchtungsgeistes, Bodhichitta, gelangt. Im zweiten Fall ist es umgekehrt – die Verwirklichung von Bodhichitta und des großen Mitgefühls geht der Verwirklichung der Leerheit voraus.

Mir ist die Beziehung zwischen Leerheit und Mitgefühl nicht klar.

Wie wir eben gesehen haben, kann die Beziehung zwischen Mitgefühl und Leerheit entsprechend der Reihenfolge ihrer Verwirklichung interpretiert werden. Es ist außerdem wichtig zu wissen, daß ein beginnendes Verständnis der Leerheit einhergeht mit der Entdeckung, daß unsere Unwissenheit und die trügerischen Illusionen beendet und beseitigt werden können. Wenn Sie einmal diese Möglichkeit erkannt haben, wird sich Ihre Einstellung zum Leiden völlig ändern. Ohne das geringste Wissen um diese Perspektive über das Leiden nachzudenken wäre ein negativer und sinnloser Zeitvertreib, der nichts bewirkt.

Was die Frage angeht, auf welche Weise Mitgefühl unser Verständnis der Leerheit fördert, so steht fest, daß Sie sich in dem Maß, wie Ihr Mitgefühl an Intensität zunimmt, dafür interessieren herauszufinden, was es mit dem Leiden auf sich hat. Sie möchten wissen, ob es einen

Grund dafür gibt und wie dieser aussieht. Wenn Sie beispielsweise über Ihr eigenes Leiden meditieren, forschen Sie nach seiner Ursache, was die Frage mit einschließt, ob es möglich ist, die Wurzel des Leidens auszumerzen. An diesem Punkt kommen nun die Meditationen über die Leerheit ins Spiel.

Wie wir gesehen haben, können gewisse Wesen, wie die Vaibhashika Bodhisattvas, das große Mitgefühl verwirklichen, ohne die volle Verwirklichung der Leerheit erlangt zu haben. Obwohl diese philosophische Schule nur über eine unvollständige Sicht der Leerheit verfügt, haben die ihr angehörenden Bodhisattvas immenses Mitgefühl entwickelt. Es kommt vor, daß während eines Zustands intensiven Mitgefühls keinerlei Verständnis der Leerheit vorhanden ist, und umgekehrt kann man sich in einem Zustand der Verwirklichung der Leerheit befinden, ohne daß Mitgefühl manifest wird. Warum? Weil sich diese beiden Zustände hinsichtlich des Erkenntnisvermögens voneinander unterscheiden.

Nach der Verwirklichung der Leerheit erscheinen Ihnen Ereignisse und Phänomene, denen Sie begegnen, wie Illusionen und so auch die lebenden Wesen. Auf dieser Grundlage kann zweifellos ein starkes Mitgefühl für diese Wesen entstehen. In den buddhistischen Texten wird von verschiedenen Ebenen des Mitgefühls gesprochen. Es gibt einmal die Ebene, auf der die Wesen Gegenstand des Mitgefühls sind, ohne daß ihre wahre Natur in Betracht gezogen wird, die unter anderem vergänglich und ohne inhärente Existenz ist. Auf einer zweiten Ebene wird das Mitgefühl durch das Wissen verstärkt, daß die Natur des Gegenstands unseres Mitgefühls Vergänglichkeit ist. Eine dritte Ebene wird erlangt durch das Bewußtsein, daß die Wesen, obgleich ohne wirkliche und eigenständige Existenz, meinen, eine solche zu haben, sich daran klammern und sich auf diese Weise an den Daseinskreislauf fesseln. Diese Form des Mitgefühls wird gegenstandslos genannt, subjekt- und objektlos. Hier sind wir bei dem großen Mitgefühl angelangt, schrankenlos und stark genug, um die außergewöhnliche Gesinnung des Bodhisattva zu erzeugen, der die Verantwortung auf sich nimmt, alle Wesen zum Glück zu führen.

Von einigen buddhistischen Gelehrten wird die Meinung vertreten, daß auch die Arhats, Shravakabuddhas und Pratyekabuddhas über dieses große Mitgefühl verfügen, nur daß es bei ihnen noch nicht die nötige Intensität hat, jene außerordentliche Entschlossenheit hervorzurufen, die es möglich macht, unaufhörlich zum Wohle aller zu wirken. Allein der Bodhisattva hat diese Art von Mitgefühl in sich erzeugt, dessen Kraft zu Bodhichitta führt, zu dem Streben, vollkommene Erleuchtung zum Wohle aller Wesen zu erlangen.

Es darf nicht vergessen werden, daß das Mitgefühl von jemandem, der die Wesen vor den verschiedenen Leiden schützen will, sich von dem Mitgefühl unterscheidet, dessen Motiv der Wunsch ist, sie alle vom Leiden zu befreien.

Manchmal hört man, daß die Gelugpa-Tradition die reinste unter den vier großen tibetischen Traditionen und die Nyingmapa-Schule nicht buddhistisch sei. Ich habe erfahren, daß Sie von letzterer Belehrungen erhalten haben, was mich sehr erstaunt hat. Kann man denn, wenn man einer bestimmten Tradition angehört, die Belehrungen einer anderen erhalten?

Die vier Haupttraditionen des Tibetischen Buddhismus folgen alle dem gleichen Lehrer: Buddha Shakyamuni. Doch durch die Zeitfolge, in der sich die Lehren entwickelt haben, und durch die Herauskristallisierung von für die verschiedenen Schulen wesentlichen Punkten sind einige Unterschiede entstanden. Was nichts daran ändert, daß sie alle Bewahrer des buddhistischen Wissens und seiner Essenz sind.

In Tibet gab es zwei Arten von Meistern. Die einen gingen auf nichtsektiererische Weise vor und praktizierten die Lehren der vier hauptsächlichen Schulen. Die anderen konzentrierten sich auf eine bestimmte Schule und schenkten den anderen wenig Aufmerksamkeit. Meine Neigung gehört mehr der nichtsektiererischen Richtung, dem ökumenischen Weg, von dem ich mich angezogen fühle und den ich schätze, weil ich aus eigener Erfahrung weiß, wie nützlich und förderlich er ist.

Jede Schule stellt die Lehre auf ihre spezifische Weise dar und legt den Akzent auf ganz bestimmte Aspekte. Wenn man die verschiedenartigen Erläuterungen des Weges und der Übungen kennengelernt hat, wird man feststellen, daß sie sich gegenseitig bereichern und daß das Verständnis einer Schule zu einem besseren Verständnis der Sichtweise einer anderen Schule beiträgt. Im Guyasamaja-Tantra zum Beispiel ist von den vier Leerheiten die Rede. Zu ihrem Verständnis ist mir meine Kenntnis des Dzogchen sehr nützlich. Und umgekehrt hat mir mein Verständnis der vier Leerheiten, wie sie in diesem Tantra erklärt werden, zu einer vertieften Erkenntnis des Dzogchen verholfen. Was die verschiedenen Schulen sich zu sagen haben, dient nicht nur unserer inneren Bereicherung. Als Praktizierende der vier großen Schulen vermeiden wir auch die Anhäufung von aus Sektierertum und Kritik entstehendem negativem Karma. Darüber hinaus geben wir anderen ein gutes Beispiel für Harmonie.

Was die Nyingmapa-Schule angeht, so ist eines ihrer die Tiefgründigkeit dieses Weges beleuchtenden Merkmale die Praxis des Dzogchen. Während man in der

Sakyapa-Schule eine einzigartige durchdringende Klarheit findet in der Darstellung des *lamdre* («Der Weg und seine Früchte») und ganz besonders des *lobtche* («Die Tradition der Unterweisungen»). Die Erläuterungen, die sie zur Untrennbarkeit von Samsara und Nirvana gibt, sind meisterlich, vor allem im Hinblick auf die Sicht des «Nicht-für-real-Haltens», durch die sich diese Schule auszeichnet. In der Darstellung des Mahamudra durch die Kagyupa-Schule wird sehr viel Wert auf die Praxis des Klaren Lichts gelegt, wie auch in der Praxis der Sechs Yogas von Naropa. In der Gelugpa-Schule erläutert Tsong-Khapa eine Sicht der Leerheit, die Sutras und Tantras gemeinsam ist. Seine Darstellung der Leerheit in Beziehung zu der Kette des Entstehens in gegenseitiger Abhängigkeit ist einzigartig und unübertroffen.

Die in den Texten benutzte Terminologie hält sich an die der indischen Meister, deren ins Tibetische übersetzte Schriften im *Tangyur* zusammengefaßt sind. In der Lehre des Dzogchen wird vom «durchtrennen» gesprochen, in der Kagyupa- und Sakyapa-Lehre von der «Einheit von Tiefe und Klarheit» und in den Übungen der Gelugpa-Schule von der «untrennbaren Einheit von Glückseligkeit und Leerheit». Alle treffen letztlich in einem Punkt zusammen. Zu diesem Ergebnis bin ich aufgrund meiner persönlichen Erfahrungen und Überlegungen gekommen, wobei sicherlich jeder die Freiheit hat, seine eigenen Schlußfolgerungen zu ziehen.

Sogar innerhalb der einzelnen Schulen, ob nun Gelugpa oder Nyingmapa, gibt es verschiedene Vorgehensweisen und Darstellungen. Das ist ganz natürlich. So hatten zum Beispiel die beiden Hauptschüler des Sakyapa-Meisters Tsarchen Losel Gyatso, Gründer des Tsarpa-Klosters, einen völlig unterschiedlichen Stil – sie unterschieden sich in ihrer Darstellungsweise, in ihrem Verständnis und in ihrer Interpretation der Lehre. Auch in der Kagyupa-Schule, die vier Haupt- und acht Unterteilungen zählt, gibt es verschiedene Vorgehensweisen und Interpretationen.

Sie fordern dazu auf, über die Natur des Leidens und den Ursprung der negativen Emotionen nachzudenken. Mir scheinen sie aus dem subtilen Haften an der Dualität zu stammen, woraus die Unterscheidung zwischen mir und den anderen entsteht. Ist diese Dualität etwas unserem Geist angeborenes, innewohnendes, oder ist sie eher als Folge der gewohnheitsbedingten, instinktiven Neigungen erworben? Sollten wir sie ausrotten oder in einen reineren Aspekt transformieren?

Begriffe wie angeboren und instinktiv kann man auf verschiedene Weise interpretieren. Eine dem Geist eigene, von ihm nicht zu trennende Qualität ist zum Beispiel seine fundamentale Reinheit. Auch unser Potential, die Allwissenheit eines Buddha und seine zehn Kräfte zu verwirklichen, ist unserem Geist innewohnend und nicht von seiner eigentlichen Natur zu trennen. Eine andere Möglichkeit den Begriff «angeboren» zu verstehen ist, nach dem Beginn zu fragen, in dem Sinne, daß wir nicht sagen können, in welchem Moment die eine oder die andere Qualität erworben worden ist. Ich spreche hier von Qualitäten, die weder auf intellektuellem Weg entwickelt worden sind noch auf irgendwelche anderen Bedingungen zurückgehen.

Denken wir auch an die eingefahrenen, gewohnheitsbedingten Neigungen – falsche Wahrnehmungen, negative Emotionen, verstörende Gedanken –, die sich seit anfangslosen Zeiten im Bewußtseinsstrom aller Wesen des Daseinskreislaufs – Menschen wie Tiere – eingeprägt haben. Diese Neigungen und Verhaltensmuster werden als angeboren, instinktiv bezeichnet, aber auch als von außen hinzukommend, und zwar nicht in dem Sinn, daß sie zu einem gewissen Zeitpunkt in einem unserer Leben erworben worden wären, sondern eher, daß sie letztlich abtrennbar sind von der fundamentalen Natur unseres Geistes. Sie beeinträchtigen in keiner Weise seine wahre Natur und sind ihr nicht innewohnend.

Auch hinsichtlich der dualistischen Erscheinungsformen gibt es verschiedene Interpretationsmöglichkeiten. Die eine betrifft das Verständnis der zwei Wahrheiten, der relativen und der absoluten, als zweier verschiedener Entitäten. Zu diesem Thema haben selbst die Gelehrten der Gelugpa-Schule voneinander abweichende Meinungen. Einige behaupten, daß die mentalen Befleckungen dieser Unwissenheit manifest und bewußt sind, andere meinen, daß es sich um eine mehr unbewußte dualistische Vorstellung handelt. Ein anderes Verständnis bezieht sich auf die dualistische Tendenz zu glauben, daß die Phänomene und Ereignisse eine unabhängige, inhärente und objektive Eigenexistenz hätten. Diese Form des Dualismus ist viel gröber, sie ist in der Tat die eigentliche Wurzel des Daseinskreislaufs.

Wir haben es also mit verschiedenen Ebenen der Dualität zu tun. Die, von der ich eben sprach, geht in Wirklichkeit noch viel tiefer, ist noch stärker in unserem Bewußtsein verankert, da selbst jene, die sich von den Bindungen des Samsara befreien, immer noch subtile, gewohnheitsbedingte dualistische Tendenzen haben, die die Allwissenheit verschleiern. Im *Bodhisattvacharyavatara* von Shantideva wird erklärt, daß der unwissende Geist, der an eine unabhängige Existenz glaubt, wie ein trübender Schleier wirkt, das heißt, der Grund für die samsarischen Leiden ist. Um sich davon zu befreien, muß man die Unwissenheit beseitigen.

Kann die Bindung an ein Dogma zu einem Hindernis für die vollkommene Befreiung werden?

Die Antwort auf diese Frage richtet sich danach, ob sie ganz allgemein gestellt ist oder buddhistische Vorstellungen betrifft. Was den Buddhismus angeht, so stellt etwa das Festhalten am Konzept der Leerheit ein ziemlich gefährliches Hindernis dar.

Können Sie das etwas näher erklären?

Dieser Hang, die Leerheit für eine absolute Entität zu halten, ist eine Sichtweise, die wir für unheilbar halten. Buddha hat in den Sutras erklärt, daß sich Verdauungsprobleme durch das Einnehmen von geeigneten Medikamenten regeln lassen. Wenn man aber das Medikament nicht verdauen kann, wird es selbst zum Problem.

Da man, um auf dem spirituellen Weg voranzukommen, einen spirituellen Führer finden muß, möchte ich Sie nach den Kriterien fragen, die anzeigen, ob jemand dazu geeignet ist?

Die Qualifikationen eines authentischen buddhistischen Meisters werden im Vinaya sowie in den Sutras und Tantras beschrieben. Ein erstes Kriterium ist, daß er erfahren sein muß in der Lehre, die er übermittelt, oder zumindest eine gute Kenntnis davon haben sollte. Wer nach einem spirituellen Führer sucht, muß laut Tsong-Khapa zuerst selbst mit den geforderten Qualitäten vertraut sein, bevor er sie in einem Meister sucht. Wenn er sieht, daß dieser sie entwickelt hat, kann er ihn als Meister akzeptieren.

Welchen Rat können Sie einem Schüler geben, der weiter

Fortschritte auf dem Weg machen möchte, obwohl er das Vertrauen zu seinem Meister verloren und keinen Kontakt mehr zu ihm hat?

Das klügste ist, nicht mehr an dieses Problem zu denken und eine neutrale Haltung einzunehmen gegenüber dem spirituellen Führer, zu dem man das Vertrauen verloren hat.

Ist es, um auf dem Weg voranzukommen, nötig, einen Meister in seiner Nähe zu haben? Oder kann man zum Beispiel auch den Dalai Lama, der in Indien lebt, als Meister wählen?

Es ist vernünftiger, zu Anfang die Schriften als Anleitung zu nehmen. In diesem Stadium des Weges ist die physische Person noch entbehrlich. Erst in dem Maß, in dem Sie eine gewisse Erfahrung gewinnen, sind Sie dann auf den Rat eines qualifizierten Lehrers angewiesen. Doch seien Sie vorsichtig, prüfen Sie ihn sorgfältig. Prüfen Sie seine Qualitäten, um später nicht die schwierige und schmerzliche Erfahrung machen zu müssen, Ihr Vertrauen in einen Scharlatan und Schwindler gesetzt zu haben. Heute gibt es unter denen, die den Tibetischen Buddhismus lehren, viele authentische Meister, die den Dharma enorm fördern. Obwohl solche, die ihm schaden, noch rar sind, ist es ausgesprochen wichtig, unterscheiden zu können zwischen einem echten Meister und einem, der Buddhas Lehren entweiht.

Wie macht man weiter, wenn der Meister gestorben ist?

Im *Bodhisattvacharyavatara* wird versichert, daß man den Segen der Buddhas weiterhin empfangen kann, auch wenn diese ihren Körper verlassen haben. Wenn Ihr

Meister gestorben ist, so können Sie sicher unter den noch lebenden Lamas einen finden, der Sie anspricht. Wenn nicht, halten Sie die Verbindung zu ihm aufrecht, denn Sie können seinen Segen auch nach seinem Tod empfangen. Wenn die Umstände günstig und die Zeit dafür reif ist, haben wir die Möglichkeit, unserem Meister in Visionen oder Träumen zu begegnen und während dieser mystischen Erfahrungen Lehren von ihm zu erhalten.

Was bringt es einem selbst und den anderen, sich von der Welt zurückzuziehen und ein Retreat von kurzer oder längerer Dauer zu absolvieren?

Die Wohltat einer Klausur ergibt sich aus der Abwesenheit von Ablenkungen. Ihr Hauptziel ist, den Geist von jeder Zerstreuung fernzuhalten. Aus diesem Grund unterläßt man den Kontakt mit anderen, der zu überflüssigem Reden führen könnte. Wenn man dieses wesentliche Ziel des Retreats mißachtet, dient der Rückzug zu nichts. Die Mönche des großen Kartäuserklosters, das ich vor kurzem besuchte, haben mich sehr beeindruckt. Sie leben ganz in diesem Geist, und man hat mir erzählt, daß ihre Tradition über ein Jahrtausend alt ist. Ich konnte mit ihnen sprechen und eine starke Ähnlichkeit zwischen dem christlichen und dem buddhistischen Eremitenleben feststellen, obwohl zwischen Tibet und der übrigen Welt während dieser Jahrhunderte keinerlei Kommunikation stattgefunden hat.

Hat es hier im Westen einen Sinn, buddhistischer Mönch oder buddhistische Nonne zu werden? Es gibt schließlich keine Strukturen, die einen im Studium und im klösterlichen Leben unterstützen. Ist es nicht viel schwieriger, mit den Gelübden zu leben, als ein praktizierender Laie zu bleiben?

186

Die eigentliche Verteidigungsfront wird immer dort errichtet, wo der Feind sich befindet. Ist es nicht erstaunlich und aller Bewunderung wert, wenn jemand seine Gelübde halten kann, trotz der Versuchungen einer Umgebung, in der fast alles darauf angelegt ist, unsere Begehrlichkeit zu wecken! Wer wirklich den Dharma praktiziert, fühlt nicht in derselben Weise die Notwendigkeit, sich von der Gesellschaft, der er angehört, zu isolieren, wie jemand, der sich nur für sein eigenes Wohlergehen und Glück interessiert. Im Westen ist es heutzutage besser und auch einfacher, Laie zu bleiben, ein in die Gesellschaft integriertes Leben zu führen und sich gleichzeitig der spirituellen Praxis zu widmen. Überstürzen Sie Ihre Ordination niemals! Sie schließen sich damit aus der Gesellschaft aus und werden vielleicht, unter dem Vorwand eines religiösen Lebens, zu einer Art Magier in exotischem Gewand! Es ist so ungewöhnlich und interessant, exotische Kleider zu tragen!

Es ist jedoch keinesfalls so, daß das klösterliche Leben keine Bedeutung hätte. Denn hat nicht unser Meister selbst, Buddha Shakyamuni, diese Lebensform gewählt? Wenn es heißt, daß das klösterliche Leben die Wurzel der Lehre ist, bezieht sich dies übrigens hauptsächlich auf das Lehrsystem des Vinaya, das die Ethik der monastischen Disziplin zum Inhalt hat.

Welchen Unterschied machen Sie zwischen Meditation und Konzentration?

Konzentration ist ein Aspekt der Meditation. Ich kenne die genaue westliche Definition des Wortes Meditation nicht. Im Tibetischen benutzen wir das Wort *gom*, was soviel bedeutet wie «seinen Geist mit dem Objekt vertraut machen».

187

Es gibt verschiedene Arten von Meditationsübungen. Eine Meditation besteht darin, den Geist an Qualitäten wie Liebe und Vertrauen zu gewöhnen. Sie lassen Ihren Geist sich derartig mit dem Objekt der Meditation – zum Beispiel Mitgefühl – anfreunden, daß er allmählich mitfühlend wird. Indem Sie über Vertrauen meditieren, entwickeln Sie allmählich unerschütterliches Vertrauen. Der Gegenstand der Meditation inspiriert Ihren Geist, bringt ihn in gewisser Weise in seine Gewalt. Wenn Sie hingegen über Vergänglichkeit, Leerheit usw. meditieren, sind dies Objekte des Begreifens, auf die Sie Ihre Aufmerksamkeit richten.

Eine andere Meditationsform ist die Geistige Ruhe, bei der man sich in einem Zustand meditativer Absorption auf einen Punkt konzentriert. Sie gehört zur Kategorie der nichtanalytischen Meditationen, während das Durchdringende Sehen zur Kategorie der sogenannten analytischen Meditationen gehört.

Die Meditationen über die Gottheiten gehören zur Kategorie der Visualisationen. Hier identifizieren Sie sich mit der gewählten Gottheit und lassen dabei alle Konzepte Ihrer gewöhnlichen Realität fallen. In der höchsten der Tantraklassen hat das Durchdringende Sehen jeden analytischen Prozeß hinter sich gelassen und ist in das Stadium der meditativen Absorption übergegangen. Zu dieser Meditationsform gehören auch die Meditationen über die Leerheit des Mahamudra und Dzogchen.

Im achten Kapitel des Bodhisattvacharyavatara *wird der menschliche Körper als ein Abfallbehälter beschrieben. Entspricht dies nicht eher der Anschauung des Hinayana, während im Mahayana der Körper als von fundamentaler Reinheit betrachtet wird? Wie lassen sich diese beiden Ansichten miteinander in Einklang bringen?*

Ich beziehe mich oft auf die «Vierhundert Verse» von Aryadeva, ein Text über den Mittleren Weg. Da wird gesagt, daß man im ersten Abschnitt dieses spirituellen Weges von jeglichem negativen Verhalten Abstand nehmen muß. Wenn Sie sich an eine derartige ethische Disziplin halten und die sogenannten zehn untugendhaften Handlungen vermeiden, wird aus dieser den moralischen Grundregeln entsprechenden Lebensweise eine höhere Wiedergeburt resultieren.

Die nächste Etappe des Weges erfordert ausgedehnte Meditation über das Nicht-Selbst; sie ist das Hauptmittel gegen die Unwissenheit und alle von ihr herrührenden Störungen des Geistes. Sie nehmen sich nun vor, alle negativen Emotionen und alle den Geist verschattenden Prägungen zu beseitigen. Mit anderen Worten, Sie versuchen, sich aus dem Daseinskreislauf zu befreien, Nirvana zu erlangen, das Ende aller Illusionen, allen Leidens. Diese Entschlossenheit, sich aus den samsarischen Bindungen zu lösen, basiert auf einer ausgeprägten Entsagungsbereitschaft. Und hier haben nun die Meditationen über die Unreinheiten des Körpers ihren Platz. Die höheren Wiedergeburten, die vorher als wünschenswert betrachtet wurden, werden – da sie Teil des Daseinskreislaufs sind – nun nicht mehr als erstrebenswertes Ziel gesehen. Die Zielvorstellung hat sich erweitert, ist zum Wunsch geworden, sich ganz aus Samsara zu befreien, Buddhaschaft zu erlangen.

Im dritten Abschnitt, dem der Tantras, ändert sich die Wahrnehmung des Körpers vollständig, da in der Meditation über sich selbst als Gottheit aller gewöhnliche Schein, also auch der Ihres Körpers, sich in Leerheit auflöst. Die Essenz Ihres Geistes manifestiert sich danach aus diesem leeren Raum in der Form eines göttlichen Körpers. Die übliche Wahrnehmung Ihres Körpers erlischt in Leerheit, Sie selbst sind nun die reine Form der Gottheit, was in nichts dem Stadium widerspricht, in dem Ihr Körper, um die Entsagung zu fördern, unter seinem gewöhnlichen Aspekt, also unrein, gesehen wurde. In den höheren Tantras wird der Körper als ein sehr kostbares Mittel zur raschen Verwirklichung des Erwachens betrachtet. Der Praktizierende ist sich der Mängel und Unreinheiten der Komponenten seines Körpers, wie sie von Shantideva beschrieben werden, voll bewußt, kennt aber gleichzeitig das wunderbare Potential, das in ihm liegt. Er kann ihn zum Erreichen eines großen Ziels nutzen, dank der höheren Tantras, die über verschiedene Techniken verfügen, den Körper zu erhalten und seine Vitalität und physische Energie zu steigern. Die Kanäle, Tropfen und Energien, über die der Praktizierende, der zwischen den groben und feinen Ebenen des Bewußtseins zu unterscheiden weiß, meditiert, gehören zu den subtilen physiologischen Komponenten unseres menschlichen Körpers, und dieser wird so gesehen – und nicht weil er an sich rein, vollkommen und begehrenswert wäre – zu etwas extrem Wertvollem.

Auch die negativen Emotionen werden in den tantrischen Übungen dazu genutzt, um auf dem Weg voranzukommen. Auch hier ist es in keiner Weise so, daß Haß, Anhaften oder Eifersucht positiv und wünschenswert wären, es handelt sich vielmehr darum, die Energie nutzbar zu machen, die in jeder dieser Emotionen schlummert, sie durch die Übung zu kanalisieren und sich ihrer zu einem positiven Zweck zu bedienen. Dieser spezifische Aspekt der Tantras wird illustriert durch das Bild von Insekten, die in einem Baumstumpf heranwachsen und sich von ihm ernähren, indem sie ihn bis zu seiner völligen Vernichtung zernagen. In gleicher Weise verzehrt der meditative Zustand die negativen Emotionen, aus deren energetischer Nutzung er entstanden ist.

Im Bodhisattvacharyavatara wird wiederholt die Unreinheit des weiblichen Körpers erwähnt. Können Sie dies näher erklären und die Stellung der Frau im Buddhismus erläutern?

Die betreffenden Textstellen sind Teil einer Belehrung für voll ordinierte Mönche. Shantideva beschreibt die Unreinheiten des weiblichen Körpers also im Hinblick auf diese Mönche. Wenn es sich bei den Praktizierenden um Frauen handelt, werden die abstoßenden Aspekte des männlichen Körpers kontempliert. Das Ziel ist in jedem Fall das gleiche: die Beseitigung des sinnlichen Begehrens. Was Reinheit bzw. Unreinheit angeht, sind, abgesehen von der Tatsache, daß der Mann kein Kind austragen kann, die Körper von Mann und Frau gleich.

Zum Status der Frau innerhalb des Buddhismus sind verschiedene Präzisierungen nötig. In der Vinaya-Tradition werden sieben Arten von Gelübden erwähnt, deren höchste die volle Ordination zum *bikshu* oder zur *bikshukini* ist. Auf dieser Ebene sind Mann und Frau einander gleichgestellt, aber in der überlieferten Tradition wird eine Hierarchie eingehalten, derzufolge der Mönch über der Nonne steht. Eine voll ordinierte Nonne muß beispielsweise hinter den Mönchen sitzen, auch wenn sie ihre Gelübde lange vor diesen abgelegt hat. In der Mulasarvastravarda-Tradition wird erklärt, daß eine Frau die vollen Gelübde vor einer Kongregation von Bikshus und Bikshukinis ablegen muß, ein Mann jedoch nur vor einer Versammlung von Bikshus.

Neben den Unterschieden hierarchischer Art gibt es die hinsichtlich des Geschlechts. Im Fahrzeug der Bodhisattvas sowie in den drei ersten Tantraklassen wird gesagt, daß es für das Erlangen der vollen Erleuchtung notwendig ist, einen männlichen Körper zu haben.

Nichtsdestoweniger wird in der vierten und höchsten Tantraklasse auf die Haltung hingewiesen, die der Mann gegenüber der Frau haben sollte, nämlich unter anderem, sie niemals geringzuschätzen und von oben herab zu behandeln. Darauf wird bewußte Wachsamkeit gerichtet. Darüber hinaus gilt für diese höheren Tantraklassen, daß man ohne weiteres volle Erleuchtung innerhalb eines Lebens im Körper einer Frau erlangen kann. Die Übungen dieser Tantraklassen verpflichten auch einen voll ordinierten Mönch, sich vor den Frauen, denen er begegnet, niederzuwerfen und sie zu umschreiten, während es von weiblichen Praktizierenden der gleichen Tantraklasse nicht verlangt wird, dies vor einem Mann, dem sie begegnen, zu tun. Dies ist ein Beleg für den hohen Stellenwert der Frau.

Ich glaube, daß die Diskriminierung der Frau, wie sie sich in der monastischen Tradition entwickelt hat, aus einem vor der Zeit Buddhas herrschenden Gesellschaftssystem stammt. Angesichts der sozialen Veränderungen heute halte ich die Zeit für gekommen, an die nötigen Modifizierungen zu denken. Ich habe in diesem Sinne ein Treffen der verschiedenen Vertreter der monastischen Gemeinschaften vorgeschlagen, um die Möglichkeiten einer solchen Reform zu prüfen.

Gelegentlich geraten die verschiedenen Gelübde miteinander in Konflikt. Ein voll ordinierter Mönch darf beispielsweise den monastischen Regeln nach nicht mit Geld oder kostbaren Metallen in Berührung kommen. Doch laut den Bodhisattva-Gelübden bedeutet es eine Übertretung der Regeln, wenn man Gaben, die einem mit Mitgefühl, Liebe und Vertrauen gegeben werden, nicht annimmt. In einem derartigen Fall hat das höherwertige Gelübde Vorrang, also das Bodhisattva-Gelübde vor dem monastischen oder das tantrische vor dem Vinaya-Gelübde.

Der Dharma ist im wesentlichen eine geistige Übung. Sind spirituelle Übungen wie der Hatha-Yoga, bei dem der Akzent auf dem Körper liegt, falsche Ansätze?

Ich kann nichts Genaues über Hatha-Yoga sagen. Sein Ziel ist aber sicher positiv, denn wenn der Körper gesund ist, resultiert daraus eine gewisse geistige Ausgeglichenheit. In der tantrischen Praxis, wo die Betonung vor allem auf der Erfahrung des subtilen Klaren Lichts liegt, werden zahlreiche und verschiedenartige körperliche Übungen ausgeführt, besonders in der Nutzung der Elemente, aus denen sich unser Körper zusammensetzt.

Welches sind die zehn tugendhaften Handlungen, von denen im Buddhismus die Rede ist?

Drei von ihnen betreffen den Körper: nicht töten, nicht stehlen und sich sexuell korrekt verhalten. Vier sind verbaler Art: nicht lügen, nicht verleumden, nicht beleidigen und unnötiges Geschwätz vermeiden, was sich auf alles bezieht, was unter dem Einfluß negativer Emotionen gesprochen wird. Die drei letzten sind mentaler Art: keine Begierde und keine Boshaftigkeit entwickeln sowie keine falsche Sichtweise annehmen, wie zum Beispiel die extreme Anschauung des Nihilismus, die jede spirituelle Vervollkommnung leugnet.

Wenn man eine schwerwiegende negative Tat begangen hat, wie kann man sich von den daraus möglicherweise resultierenden Schuldgefühlen befreien?

Für eine derartige Situation werden im Buddhismus bestimmte Denk- und Verhaltensweisen empfohlen, die helfen, das Vertrauen in sich selbst wiederherzustellen. Man kann über die Buddha-Natur des Geistes nachdenken, über seine essentielle Reinheit. Über die ganz andersartige Natur der verstörten Gedanken und der mit ihnen verbundenen Emotionen als etwas von außen Hinzukommendes und deshalb Entfernbares. Man kann über das ungeheure Potential nachdenken, das im tiefsten Kern unseres Wesens schlummert, begreifen, daß die Grundnatur unseres Geistes unbefleckt und gut ist. Man kann über die Lichthaftigkeit des Geistes meditieren und so Selbstvertrauen und Mut entwickeln. Buddha spricht in den Sutras davon, daß die voll erwachten und allwissenden Wesen, die wir als überlegen betrachten, weder aus den Tiefen der Erde emporgestiegen noch vom Himmel gefallen sind, sondern das Endergebnis eines spirituellen Reinigungs- und Läuterungsprozesses sind. Einst hatten sie ebenso mit den Fehlern und Schwächen eines ganz gewöhnlichen Wesens zu kämpfen, wie wir jetzt eines sind, und Buddha Shakyamuni hat vor seinem Erwachen, in früheren Inkarnationen, mehr Schwierigkeiten gehabt als wir heute.

Das ganze Ausmaß unseres eigenen Potentials zur spirituellen Vervollkommnung zu entdecken wird zu einem Heilmittel gegen Schuldgefühle, Entmutigung und Pessimismus. In der «Kostbaren Girlande von Ratschlägen an den König» sagt Nagarjuna, daß Niedergeschlagenheit und Verzagtheit keine Hilfe bei der Lösung eines Problems sind. Auf der anderen Seite ist Arroganz genauso negativ. Wenn man aber als Gegenmittel dazu ein übertrieben demütiges Verhalten annimmt, woraus sich leicht ein Mangel an Selbstvertrauen und Depressivität entwickeln kann, fällt man von einem Extrem ins andere.

Mir liegt noch daran zu sagen, daß ein Engagement für eine Dreijahresklausur voller Hoffnungen und Erwartungen und mit der Vorstellung, am Ende voll erleuchtet aus ihr hervorzugehen, zu einer schweren Niederlage führen kann. Übertriebene Erwartungen und ein allzu großes Selbstvertrauen führen geradewegs in Enttäuschung und Unzufriedenheit. Wenn Sie die Worte Buddhas bedenken, daß das vollkommene Erwachen ein Resultat der spirituellen Läuterung und des Ansammelns von Verdienst und Weisheit im Laufe von Äonen ist, wird Ihnen klar, daß Mut und Beharrlichkeit Ihre Begleiter auf dem Weg sein müssen.

In welchem Augenblick zwischen Tod und Wiedergeburt verliert man die Erinnerung an die vorhergegangene Existenz?

Das Erinnerungsvermögen der einzelnen Menschen ist unterschiedlich ausgeprägt. Manche können sich in ihrer Kindheit an Begebenheiten aus ihrem vergangenen Leben erinnern. Schreckenerregende Erfahrungen lassen im Geist eines Kindes Eindrücke zurück, deren Tiefe dem Grad des traumatisierenden Erlebnisses entspricht. Als ich zwei Jahre alt war, gab es bei mir zu Hause keine Toilette. Eines Tages, als ich gerade draußen mein Geschäft verrichtete, sah ich ein riesiges Kamel auf mich zukommen. Angesichts dieser Erscheinung erschrak ich derart, daß ich augenblicklich davonrannte. Ich erinnere mich nicht mehr, ob ich mitten in diesem natürlichen Vorgang Reißaus nahm, doch weil die Intensität der Vision so überwältigend war, habe ich sie heute noch klar und deutlich vor Augen. So geht es uns mit allem, was sich unserem Geist stark eingeprägt hat. Wenn unser Gedächtnis gut entwickelt ist, können wir uns an Geschehnisse aus einem vorherigen Leben erinnern. Es scheint, daß dies in der Kindheit, wenn sich die Sinnesfähigkeiten noch im Entwicklungsstadium befinden, leichter fällt. Es ist vergleichbar mit gewissen Abläufen in der Natur. Wenn es gestern geregnet hat, ist die Erde heute frischer, nach längerer Sonneneinstrahlung aber verschwindet diese Frische allmählich wieder. Je älter wir werden, um so mehr Eindrücke speichern wir und überlagern damit die des vorherigen Lebens – ein ganz normaler Prozeß! Wenn dann im Sterben das Klare Licht aufscheint, erlöschen die Wahrnehmungen des Lebens, das man im Begriff ist, hinter sich zu lassen. Im anschließenden Zwischenzustand haben wir dann unserem Karma entsprechende Visionen unserer neuen Existenz. Manchmal können sich Menschen, die ein außergewöhnliches Gedächtnis haben, genau an Begebenheiten aus einer Existenz erinnern, die Hunderte von Leben zurückliegt.

Wie kann man seine Angst vor dem Tod überwinden und die damit verbundenen destruktiven Tendenzen?

Seine Augen vor der Existenz des Leidens verschließen ist keine wirksame Methode zu seiner Überwindung. Weitaus hilfreicher ist es, das Problem direkt anzugehen und es von allen Seiten zu betrachten. Mit anderen Worten, sich ihm zu stellen. Das gilt auch für den Tod. Er ist Teil des Lebens, eine natürliche Etappe unseres Weges. Sich mit dem Sterbevorgang zu befassen hilft, sich mit dem Gedanken an den Tod vertraut zu machen, so daß man nicht in Panik gerät, wenn er sich unerwartet nähert. Viele Faktoren können unsere Reaktion angesichts des Todes ändern, je nachdem ob man gläubig ist oder nicht, praktizierender Buddhist oder nicht, täglich praktiziert oder nicht. Die Überwindung der Angst und des Schreckens, die gewöhnlich das Erlebnis des Todes begleiten, wird von der Art und Weise abhängen, wie wir uns während unseres Lebens vorbereitet haben.

Welches sind die äußeren Anzeichen des Todes? Wie läßt sich feststellen, ob jemand tatsächlich tot ist?

Die zuverlässigste Methode besteht in der Beobachtung des Atems. In den Texten werden verschiedene äußere Anzeichen für das baldige Herannahen des Todes genannt, darunter eine gewisse Traurigkeit. Während des eigentlichen Sterbevorgangs gehen die äußeren Anzeichen mit der Auflösung der Elemente einher, aus denen sich der Körper zusammensetzt.

Welches ist die beste Art, jemandem Beistand zu leisten, der stirbt?

Gleichgültig ob der Sterbende sich einem spirituellen Weg verpflichtet fühlt oder nicht – das wichtigste ist, dafür zu sorgen, daß der Betreffende in Ruhe sterben kann, daß nichts seinen Geist während dieser kritischen Phase verstört. Um eine Atmosphäre des Friedens herzustellen, ist es wichtig, ihn mit Liebe und rücksichtsvoller Fürsorge zu umgeben. Es ist tragisch und traurig, wenn jemand im Augenblick des Todes verlassen und ohne Zuneigung und Hilfe ist.

Sie haben Mitgefühl und Verständnis der Leerheit als Mittel zur Erleichterung des Leidens erwähnt. Wie kann man diese Botschaft Patienten übermitteln, die betagt sind?

Bei Menschen, die als Anhänger des Christentums, des Judaismus oder des Islam an einen Schöpfergott glauben, scheint es mir einfacher, ihnen zu erklären, daß das, was mit ihnen geschieht, dem Willen Gottes entspricht. Was jene angeht, die keinerlei religiöse Bindung haben, so müssen sie einfach akzeptieren, daß der Tod ein natürlicher Abschnitt des Lebens ist, daß nicht nur sie ihm unterworfen sind, sondern früher oder später alle Wesen, ohne Ausnahme. Eine allgemeingültige Antwort läßt sich auf diese Frage kaum geben. Ich glaube, man muß mit großem Einfühlungsvermögen die persönliche Geschichte des einzelnen erfassen, um dann zu entscheiden, wie man ihm am besten beistehen kann.

V
INTERDEPENDENZ UND LEERHEIT

DIE BEZIEHUNG ZWISCHEN WISSENSCHAFT, NATUR UND GEIST

Albert Einstein, der Vater der Relativitätstheorie, notierte sich einst folgenden Satz: «Ich bestimme den eigentlichen Wert eines Menschen nach einer einzigen Regel, nämlich in welchem Grad und auf welches Ziel hin er sich von seinem Ego befreit hat.» Inwiefern scheint Ihnen diese Regel den Lehren Buddhas zu entsprechen und eine Voraussetzung für jeden fruchtbaren Austausch zwischen den Wesen zu sein?

Im Buddhismus und insbesondere im Mahayana, dem Großen Fahrzeug, wird sehr viel Wert auf analytisches Denken gelegt, und es heißt, man solle eine Lehre nicht annehmen, wenn man darin auf irgendwelche Fehler oder Ungereimtheiten stößt. Es ist also auch den Worten des Buddha gegenüber angemessen, einen prüfenden und kritischen Geist zu wahren. Hat er doch selbst gesagt: «O Bikshus, so wie man Gold prüft, indem man es anfeilt, schneidet und schmilzt, so solltet ihr meine Lehre erst annehmen, nachdem ihr sie analysiert habt, und nicht aus bloßem Respekt.» Es ist wichtig, diesen Rat zu beachten, und ich zögere deshalb auch in keiner Weise, mit Freunden aus der Wissenschaft zu diskutieren – im Gegenteil, dieser Dialog interessiert mich ganz besonders.

Um auf die gestellte Frage zurückzukommen: Wenn vom Ego die Rede ist, muß man dabei verschiedene

Ebenen bedenken. Ich pflege gewöhnlich zwischen zwei Vorstellungen zu unterscheiden. Der Gedanke «ich», der ganz natürlich in unserem Geist auftaucht, ist nicht nur in Ordnung, sondern sogar notwendig. So muß man zum Beispiel genug Selbstsicherheit haben, um mutig sein zu können, man muß an seine eigenen Fähigkeiten glauben, an seine eigene Kraft, und dazu braucht man Ichstärke. Diese Seite ist also positiv und konstruktiv.

Die andere Seite ist ein übertriebenes Ichbewußtsein, das zu Arroganz führt. In diesem Fall handelt es sich um eine falsche Wahrnehmung von sich selbst, die sich nicht durch bloßes Gebet auflösen läßt. Hier muß man über das Nichtselbst des Individuums meditieren, über die Tatsache, daß alle Phänomene leer, bar jeder Eigenexistenz sind. Das falsche Ichbewußtsein schwächt sich in dem Maße allmählich ab, wie der Geist sich an die Sicht der Leerheit gewöhnt.

Die Analyse des Ich/Selbst als handelnde Kraft nimmt in der gesamten östlichen Philosophie großen Raum ein. In der hinduistischen Philosophie gibt es ein Selbst, *atman* genannt, das von den Aggregaten unterschieden wird. In der buddhistischen Betrachtungsweise gibt es kein Selbst, das etwas anderes als die Aggregate oder von ihnen unabhängig ist, man spricht deshalb von *anatman*, vom Nichtselbst. Die Existenz eines ewig bestehenden, einzelnen und unabhängigen Selbst wird verneint, das Vorhandensein eines Selbst als Agens, als handelnde Kraft jedoch nicht. Dieses vorhandene, konventionelle Ich/Selbst beruht auf den Aggregaten. Alle buddhistischen philosophischen Richtungen anerkennen ein Ich in Verbindung mit den Aggregaten, aber nicht alle interpretieren die Natur dieses Ich in gleicher Weise.

Für die eine der Schulrichtungen ist jedes einzelne der fünf Aggregate, aus denen sich die Lebewesen zusam-

mensetzen, das Ich. Eine andere philosophische Anschauung verbindet das Ich mit dem Aggregat des Bewußtseins. Für eine dritte ist das Ich/Selbst das, was man
das Tiefenbewußtsein nennt, *alayavijnana*. Nach der
Sichtweise der Madhyamika-Prasangika-Schule besteht
das Ich in Verbindung mit den Aggregaten, läßt sich aber
nicht darin auffinden. Es existiert als Begriff, als eine
Namensgebung auf der Basis der das Individuum ausma-
chenden Aggregate. Was nicht heißen soll, daß es überhaupt kein Ich gäbe, es wird lediglich bestritten, daß seine
Existenz eine eigenständige ist.

Um nun auf das Wort von Einstein zurückzukommen:
In der buddhistischen Tradition wird auf die Erkenntnis
des Nichtvorhandenseins einer absoluten, eigenständigen
Existenz des Ich/Selbst deshalb so viel Wert gelegt, weil
aufgrund des Glaubens an die Existenz des Ich die verschiedenen negativen Emotionen wie Haß oder Eifersucht entstehen und es erst durch das Verständnis des
Nichtselbst möglich wird, diese negativen Emotionen in
uns zu beseitigen.

*Sie haben Interesse am Dialog mit Wissenschaftlern, Interesse
an den Wissenschaften ganz allgemein und auch am technolo-
gischen Fortschritt. Der Buddhismus hat in den von Wissenschaft und Technik geprägten Ländern der westlichen Welt
Fuß gefaßt. Glauben Sie, daß moderne Wissenschaft und
buddhistische Spiritualität einander befruchten können, daß
wissenschaftliche Verfahren sich mit spiritueller Suche verbinden lassen?*

Ich habe aufgrund eigener Erfahrung und bei Gesprächen
und Kontakten mit Wissenschaftlern feststellen können,
daß in einigen Bereichen ein Austausch möglich ist,
besonders auf dem Gebiet der Kosmologie, der Neuro-

biologie, der Teilchenphysik und der Psychologie. Ich meine, daß die Art und Weise, wie die buddhistischen Texte diese Disziplinen angehen, zweifellos einen neuen Denkansatz für das Studium dieser Wissenschaften liefern kann. Und umgekehrt glaube ich, daß das Studium der experimentellen Techniken und ihrer wissenschaftlich hochinteressanten Ergebnisse den Buddhisten viel geben kann. Ganz sicher wird für beide Seiten ein solcher geistiger Austausch von Vorteil sein. Ob es dann bei einem reinen Informationsaustausch bleibt oder ob sich praktische Konsequenzen daraus ergeben, wird vom einzelnen abhängen. Hier muß ich einfügen – ohne von den Wissenschaften zu sprechen –, daß die Lehren des Buddhismus häufig auf der Ebene des Wissens bleiben, also nicht angewendet werden, obwohl es heißt, daß alles, was wir wahrnehmen, eine Belehrung ist. Auf jeden Fall ist es das innerste Anliegen des Buddhismus, die Natur der Realität zu erkennen und Wahres von Täuschung zu unterscheiden. Wenn das Wesen der Realität in allen Details verstanden ist, werden, von dieser Basis ausgehend, die Methoden erläutert, die den Fortschritt auf dem Weg ermöglichen. Obgleich das Verständnis der Natur der Realität nicht unbedingt an die Praxis des spirituellen Weges gebunden ist, so ist diese doch das letztendliche Ziel allen Forschens. Die wissenschaftlichen Erklärungen können uns enorm dabei helfen, die Natur der Realität zu erkennen, und deshalb ausgesprochen nützlich für die spirituelle Praxis sein.

Im Westen wird der Buddhismus manchmal als eine Religion der Vernunft bezeichnet und damit scheint es möglich, der alten Debatte im Christentum, Judentum und Islam über den Gegensatz zwischen Glaube und Vernunft ein Ende zu setzen. Halten Sie diese Formulierung für geeignet, eine Annäherung

der verschiedenen spirituellen Traditionen sowie ein besseres
Verständnis zwischen den Wissenschaften von heute und einem
«pragmatischen» Buddhismus zu ermöglichen?

In den buddhistischen Texten, insbesondere im *Abhidhar-*
makosha von Vasubandhu, werden drei verschiedene Arten des Glaubens unterschieden: überzeugter Glaube oder
Vertrauen, klarer Glaube oder Bewunderung und nach-
eifernder Glaube. Man kann auch von einem Glauben
sprechen, der auf dem Verstand beruht und sich nach
Prüfung dessen, was ihm als Fundament dient, bei Menschen mit einer gewissen Intelligenz einstellt. Und von
einem Glauben, der spontaner, einfacher ist und aus
bestimmten Konventionen heraus bei Menschen mit weniger ausgeprägten geistigen Fähigkeiten entsteht. Der
auf Vernunft basierende Glaube ist der wesentlichere.
Man kann also sehen, daß im Buddhismus Glaube und
Vernunft aufs engste miteinander verbunden sind, da der
Glaube eine Frucht logischen Denkens ist.
   Eine logische Analyse wird auf verschiedene Weise
vorgenommen, entsprechend den drei verschiedenen
Objekten der Analyse, welche die dreierlei Arten des
Existierenden darstellen. Im ersten Fall ist das Objekt der
Analyse ein offenkundiges Phänomen, im zweiten Fall ist
es verborgen und im dritten Fall ist es äußerst verborgen.
Die offenkundigen, manifesten Phänomene werden
durch eine spontane und direkte Wahrnehmung erfaßt,
die verborgenen Phänomene durch eine auf klaren Beweisen aufbauende Schlußfolgerung und die sehr verborgenen Phänomene durch Schlußfolgerungen, die sich aus
dem Vertrauen in die Kanonischen Schriften ergeben. Die
Bedeutung eines sehr verborgenen Phänomens läßt sich
nicht unmittelbar mit Hilfe eines logischen Denkprozes-
ses begreifen und noch weniger über eine Sinneserfah-

rung. Sie kann nur erfaßt werden, indem man sich auf das Wort von jemandem verläßt, der vertrauenswürdig ist und dessen Erklärungen logisch und ohne inneren Widerspruch sind. All dies zeigt, daß die Vernunft im sogenannten «begründeten Glauben» immer eine Rolle spielt. Im Vergleich zu spirituellen Wegen, die sich im wesentlichen auf puren Glauben gründen, ist der Buddhismus keine Religion, sondern eher eine Geisteswissenschaft, eine Form von Atheismus. Verglichen mit einem radikalen Materialismus hingegen, ist er zweifellos ein spiritueller Weg. Dies ist ein Thema, auf das ich immer wieder zurückkomme. Zusammenfassend kann man sagen, daß sich der Buddhismus von beiden Einstellungen unterscheidet, aber als eine Brücke zwischen ihnen betrachtet werden kann.

In der buddhistischen Tradition gibt es eine Vielzahl von Abhandlungen über die Natur der Phänomene, die Realität der Atome, das Wesen von Raum und Zeit. Können Sie uns sagen, warum die buddhistische Lehre an diesen Themen so interessiert ist? Glauben Sie, daß die Wissenschaftler in ihrer Forschungsarbeit diesen Grundgedanken des Mittleren Weges beachten sollten, der jede inhärente Existenz der Phänomene in Abrede stellt?

In einer der alten buddhistischen Schulen, der Vaibhashika-Richtung, wird gesagt, daß alles sich aus materiellen Elementen zusammensetzt. Den Elementarteilchen, aus denen die Phänomene bestehen, wird hier eine letzte, absolute Existenz zugeschrieben.

Für die etwas weiter entwickelte Sautrantika-Schule haben die äußeren Phänomene sowie die Atome, aus denen sie sich zusammensetzen, keine eigentliche Realität, sondern sind mentale Konstruktionen. Auch der

Begriff des Individuums, so wie wir es wahrnehmen, hat nichts Endgültiges, keine letzte Realität.

Die noch höher entwickelte Cittamatrin-Schule sagt, daß die Phänomene von der Objektseite her nicht existieren, sondern vielmehr Produkte des Geistes sind.

Die Sautrantika-Philosophie nimmt an, daß es eine Verbindung zwischen der mentalen Konstruktion der Wahrnehmung und der äußeren Realität gibt. Während die Cittamatrin-Schule lehrt, daß diese mentale Konstruktion sich nicht auf ein Objekt mit einer letztendlichen Realität bezieht.

Die am weitesten entwickelte der buddhistischen Schulen, die Madhyamika-Philosophie, kommt zu dem Schluß, daß die Welt der Phänomene keine tatsächliche Realität besitzt. In der Svatantrika-Philosophie, einer Unterabteilung der Madhyamika-Schule, gesteht man auf der Ebene der relativen, konventionellen Wahrheit der Welt der Erscheinungen eine gewisse Realität zu. Laut Madhyamika-Prasangika-Schule haben die Phänomene weder auf der Ebene der absoluten noch auf der der relativen Wahrheit eine tatsächliche Realität.

Wir müssen uns zudem auch fragen, was wir eigentlich mit Realität meinen. Wenn wir darunter verstehen, daß man ein bestimmtes Objekt, nach dem man forscht, auffinden kann und daß es eigenständig existiert, würde die buddhistische Philosophie die Existenz dieser Realität verneinen. Es wird jedoch zugegeben, daß es als Begriff existiert.

Was in der Physik als «unerforscht» bezeichnet wird, deckt nur einen winzigen Bereich dessen ab, was im Buddhismus mit dem «unauffindbaren» Charakter des Objekts der Analyse gemeint ist. Im Buddhismus genügt es nicht zu sagen, das Für-wahr-Halten des Ich sei falsch und werde sich von selbst auflösen, wenn man begriffen hat, daß das Ich als Objekt einer verkehrten Wahrnehmung gar nicht existiert. Es ist die verkehrte Wahrnehmung, die beseitigt werden muß, das heißt die Sichtweise des Ich als einer eigenständigen Entität und nicht einfach nur die Vorstellung des Ich als einer bloßen Bezeichnung!

Warum diese ganze Anstrengung? Weil aus der falschen Wahrnehmung ein übertriebenes Bild des eigenen Ich entsteht, das weit von der Realität entfernt ist und zu einer Zweiteilung der Welt führt: auf der einen Seite alles, was mich betrifft, auf der anderen Seite alles übrige. An ersterem haftet man, und letzterem steht man ablehnend gegenüber. Um dieses Angezogensein und Abgestoßensein abzuschwächen, bemüht man sich, die falsche Wahrnehmung des Ich aufzulösen. Der Mittlere Weg zielt hauptsächlich darauf ab, die zwei Extreme des Eternalismus und des Nihilismus zu beseitigen. Ohne die Beseitigung des Eternalismus, des Glaubens an etwas Beständiges, ist es nicht möglich, von der falschen Wahrnehmung seines Ich loszukommen. Das andere Extrem ist der Nihilismus. Wenn man in dieses Extrem verfällt, ist es nicht mehr möglich, die relative Wahrheit und das Gesetz von Ursache und Wirkung zu verstehen. Mit dem Beseitigen der eternalistischen Anschauung räumt man eine falsche Vorstellung über die Phänomene und das Ich aus. Mit dem Ausschalten des Extrems der nihilistischen Anschauung kommt man zu einer richtigeren Sicht der Gesetze, die in der Welt der Phänomene herrschen.

Dies alles sind Fragen, die auf intellektuellem, theoretischem Weg nur schwer zu erfassen sind. Die Vorstellungen von der Wahrnehmung der Realität der Phänomene muß vertieft werden durch Meditation, die uns zu einem direkteren und umfassenderen Verständnis dessen führt, was wir die Natur der Realität nennen.

Sie sagten vorhin, daß die Emotionen Ursache von Leiden sein können. Hat der Buddhismus eine eigene Definition von Krankheit? Bedeutet Kranksein das Auftreten einer Anomalie im biologischen oder psychischen Verhalten oder ist die physische Störung Ausdruck einer psychischen Störung? Ist es nicht normal, daß der Mensch im Laufe seines Lebens ab und zu krank ist? Wie sollte die medizinische Perspektive aussehen: die Anomalie mit allen Mitteln bekämpfen oder dem Menschen helfen, damit zu leben?

Was den Zustand des Geistes betrifft, oftmals mit dem Begriff Emotionen umschrieben, so unterscheidet man positive und negative Emotionen. Güte, Liebe und Mitgefühl werden als positive Emotionen bezeichnet. Das läuft darauf hinaus zuzugeben, daß im Bewußtseinsstrom der Buddhas Emotionen vorhanden sind, da derartige Qualitäten von ihrem Geist ausstrahlen. Dies darf nicht im Widerspruch gesehen werden zu der Erklärung, daß sich die Buddhas stets im Zustand der Meditation der Leerheit befinden. Im Zustand der Buddhaschaft angekommen, gibt es keine dualistische Wahrnehmung mehr. Was bleibt, ist nur noch die direkte Erfahrung der Leerheit. Gleichzeitig sind aber alle Qualitäten wie Liebe und Mitgefühl im Geist des Buddhas anwesend.

Was den negativen Geisteszustand angeht, so gibt es drei Haupt-Kleshas oder Gifte: Anhaften, Animosität und Unwissenheit. Für den praktizierenden Buddhisten stellen diese Störfaktoren oder Geistesgifte eine echte mentale Krankheit dar, eine Krankheit, von der man solange nicht geheilt ist, bis man Buddhaschaft erlangt hat. In der tibetischen Gesellschaftsordnung betrachten wir jemanden als gesund, wenn der Geist des Betreffenden nicht von den drei Giften verstört ist, auch wenn diese in ihm vorhanden sind. Wird der Geist stark von diesen Kleshas verstört und verwirrt, kann man von mentaler Krankheit sprechen. Hierbei gibt es zwei Ebenen: eine grobe und eine subtile. Beide können mit physischen Krankheiten verbunden sein. Deshalb bezieht die tibetische Medizin nicht nur den Körper, sondern auch den Geist der Patienten mit ein. Es gibt Leute, die die Geisteskrankheiten behandeln, indem sie westliche Psychotherapie mit buddhistischen Methoden kombinieren. Ich halte das für ein ausgezeichnetes Verfahren.

Wie sich der Krankheit gegenüber verhalten? Es ist offensichtlich, daß alle Wesen von Natur aus nach Glück streben, und dieses Streben ist ihr gutes Recht. Gleichermaßen wünschen alle, niemals von Krankheit oder anderen Formen des Leidens befallen zu werden. Deshalb muß mit allen Mitteln versucht werden, dem Leiden vorzubeugen, und die medizinische Wissenschaft kann dabei eine entscheidende Rolle spielen. Für den Fall, daß bestimmte Umstände eine Krankheit in uns auslösen, sollten wir versuchen, darüber nachzudenken und vor allem nicht dadurch, daß wir uns Sorgen machen, unser Leiden noch verstärken.

Können Sie uns sagen, welche Bedeutung die Natur im Buddhismus hat und warum das Entdecken der Leerheit der Phänomene unsere Einstellung zur Umwelt ändern kann?

Im Buddhismus heißt es, daß die unbelebten Dinge keine inhärente, wohl aber eine konventionelle Existenz haben. Dies gilt auch für die Lebewesen, daß heißt für Wesen mit einem Bewußtsein. Darin gleichen sich die Welt des Unbelebten und die Welt des Lebendigen. Was die Beziehung zwischen Außenwelt und Innenwelt (Geist) angeht, so existieren nach bestimmten philosophischen Schulen, besonders der Yogacaryasvatantrika- und der Cittamatrin-Schule, die äußeren Phänomene nicht, alles existiert in der Natur des Geistes. Der Madhyamika-Prasangika-Schule zufolge existieren die äußeren Phänomene auf konventionelle Weise und sind nicht geistiger Art. Sie haben keine wirkliche letztendliche Existenz, aber ihre Natur ist etwas anderes als die des Geistes. Die Außenwelt existiert also in Abhängigkeit vom Geist, im Sinne einer vom Geist vorgenommenen Benennung oder Schlußfolgerung, und zwar als etwas, was sich einer objektiven Prüfung unterziehen läßt.

Der Mensch wird im Buddhismus als Teil der Natur betrachtet und von daher kann man von einer engen Verbindung zwischen Mensch und Umwelt im Buddhismus sprechen. Es ist ganz klar, daß unser Glück und Wohlergehen zum großen Teil von den Umweltbedingungen abhängt. Aus diesem Grund wird in den buddhistischen Texten beschrieben, wie man sich der Natur gegenüber verhalten soll. Eine der monastischen Regeln verbietet zum Beispiel, die Vegetation zu verunreinigen oder zu zerstören. Der Lebensgeschichte des Buddha ist zu entnehmen, daß dieser eine sehr tiefe Beziehung zur Natur hatte. Er ist nicht im Königspalast geboren worden, sondern in einem Garten unter einem Sala-Baum. Unter einem anderen Baum, dem Bodhi-Baum, hat er die volle Erleuchtung erlangt und zwischen drei Sala-Bäumen hat er diese Welt verlassen und ist ins Parinirvana eingegangen. Es scheint, daß er den Bäumen sehr zugetan war.

Wie in allen spirituellen Traditionen gibt es auch im Buddhismus einen kosmogonischen Mythos. Trotzdem weist der Buddhismus die Vorstellung einer Schöpfung zurück. Weshalb?

Ein Großteil der westlichen Wissenschaftler ist der Meinung, daß Leben und Bewußtsein Produkte der materiellen Evolution des Universums sind, aber niemand weiß, warum und wie es dazu kommen konnte. Sie vertreten diesbezüglich einen völlig anderen Standpunkt. Würden Sie uns deshalb etwas über das Bewußtsein und seine Beziehung zur Materie und zum Universum sagen?

Warum kennt der Buddhismus keine Schöpfung? Der Buddhismus sagt, daß es keinen Anfang des Universums und der Lebewesen gibt, weil auch die Ursachen ohne Anfang sind. Wenn es einen Anfang für das Universum gäbe, müßte es auch für das Bewußtsein einen Beginn geben. Angenommen, es gäbe einen Anfang des Bewußtseins, dann müßte auch seine Ursache einen Anfang haben, eine unvermittelt aufgetretene Ursache, die plötzlich das Bewußtsein produziert hat – was sehr viele Fragen aufwerfen würde. Wenn das Bewußtsein ohne Ursache aufgetreten wäre oder durch eine ewig bestehende Ursache hervorgebracht worden wäre, müßte es entweder ewig bestehen oder endlich sein. Die Tatsache, daß die Phänomene wechselhaft sind, beweist, daß sie von Ursachen und Bedingungen abhängig sind. Sind diese erfüllt, tritt das Phänomen auf. Sind sie nicht oder nur unvollständig erfüllt, tritt es nicht auf. Da die Ursachen ohne Anfang sind, gilt dies auch für die Lebewesen. Eine Schöpfung ist deshalb nicht möglich.

Nehmen wir ein bestimmtes Phänomen. Zum Beispiel einen Gletscher. Er hat zweifellos einen Anfang. Wie ist er entstanden? Die äußere Welt tritt durch die Kraft der Handlungen der Lebewesen dieser Welt in Erscheinung. Diese Handlungen stammen aus Absichten und Motivationen der Wesen, die ihren eigenen Geist noch nicht gemeistert haben. Der «Schöpfer der Welt» ist im Grunde der Geist, der in den Sutras *agens*, wirkende Kraft, genannt wird. Vom Bewußtsein wird gesagt, daß es keinen

Anfang hat, wobei man jedoch zwischen grobem und subtilem Bewußtsein unterscheiden muß. Eine Reihe von groben Bewußtseinsformen tritt in Abhängigkeit vom Körper, von den physischen Aggregaten auf. Doch um eine Wahrnehmung entstehen zu lassen, reicht das Vorhandensein der physischen Bedingungen – Nervenzellen und Gehirn – nicht aus. Für das Zustandekommen einer Wahrnehmung, die ein Objekt erkennen kann, bedarf es einer wesensgleichen Ursache. Die fundamental wesensgleiche Ursache, die von gleicher Art ist, wie das aus ihr Hervorgehende, ist hier das subtile Bewußtsein.

Dieses Bewußtsein oder dieser subtile Geist ist es, was im Augenblick der Empfängnis in die elterlichen Zellen eindringt. Der subtile Geist kann keinen Anfang haben, denn wenn das der Fall wäre, müßte er von etwas hervorgebracht worden sein, das etwas anderes ist als der Geist. Um die fundamental wesensgleichen Ursachen der äußeren Welt sowie der Körper der lebenden Wesen aufzufinden, muß man, dem Kalachakra-Tantra zufolge, auf die Elementarteilchen zurückgehen.

In der buddhistischen Kosmologie gibt es folgenden Zyklus: der Bildung eines Universums folgt eine Periode der Dauer, dieser eine Zeit der Zerstörung, an die eine Zeit der Leere anschließt, welche der Bildung eines neuen Universums vorausgeht. Während der Zeit der Leere überdauern die Elementarteilchen, aus denen dann ein neues Universum hervorgehen wird. Sie sind die fundamental wesensgleiche Ursache der physischen Welt. Um die Bildung des Universums und der Körper der Lebewesen zu verstehen, genügt es zu analysieren, wie das natürliche Potential der verschiedenen chemischen und anderen Elemente, aus denen dieses Universum besteht, sich von diesen Elementarteilchen ausgehend organisiert hat. Ihr Potential hat zur Struktur dieses Universums und der in ihm vorhandenen Lebewesen geführt. Doch an dem Punkt, wo die Elemente, aus denen die Welt sich zusammensetzt, unterschiedliche Erfahrungen des Leidens und des Glücks bei den Lebewesen auslösen, muß der Begriff des Karma eingeführt werden, das heißt der positiven und negativen in der Vergangenheit begangenen und angesammelten Taten. Es ist sehr schwer zu bestimmen, wo das natürliche Zum-Ausdruck-Kommen des Potentials der physischen Elemente aufhört und die Wirkung des Karma als Resultat unseres vergangenen Verhaltens einsetzt. Die Frage nach der Beziehung zwischen der Außenwelt, deren Herausbildung aufgrund natürlicher Gesetze erfolgte, und dem Karma erfordert eine Erklärung dessen, was Karma bedeutet.

Karma bedeutet im wesentlichen Verhalten. Es gibt Karma, das geistiger Art ist, das den Faktor der Absicht und des Willens beinhaltet, und es gibt körperliches sowie sprachliches Karma. Um die Verbindung zwischen geistigem, körperlichem und sprachlichem Karma und der Welt der Materie zu verstehen, muß man sich auf die tantrischen Texte stützen. Besonders im Kalachakra-Tantra wird erklärt, daß in unserem Körper auf grobem, subtilem und allersubtilstem Niveau die fünf Elemente vorhanden sind, aus denen die äußere Welt aufgebaut ist. Hiervon ausgehend muß also, wie ich meine, die Frage der Verbindung zwischen Karma und materieller Welt gesehen werden.

Ich möchte Ihnen in meiner Eigenschaft als Arzt noch einige Fragen stellen. In der Welt der Medizin wird viel über das Tibetische Totenbuch *gesprochen. Ist der Tod Ihrer Meinung nach ein biologisch-medizinisches Phänomen oder ein persönliches, spirituelles? Ist es falsch, wenn man nicht unter Einsatz aller Mittel versucht, das Leben eines Menschen zu retten oder wenigstens um ein paar Jahre zu verlängern? Oder aber ist es falsch, wenn man das Risiko eingeht, daß die betreffende Person dann in einem High-Tech-Umfeld stirbt, der Nähe von Familie und Freunden beraubt? Ein Bericht der Weltgesundheitsbehörde kommt zu dem Schluß, daß weder das Leben noch der Tod ein absolutes Gut ist. Wie stehen Sie dazu? Unter welchen Bedingungen sollte man einem Kranken sagen, daß sein Tod unausweichlich ist?*

Zuallererst müssen wir uns klarmachen, daß der Tod wirklich zum Leben gehört und in sich weder gut noch schlecht ist. In dem von Ihnen zitiertem *Tibetischen Totenbuch* heißt es: «Das, was man Tod nennt, ist nichts als ein Konzept.» Der Tod ist das Ende des groben Bewußtseins und seines Trägers, des grobstofflichen Körpers. Auf der subtilen Ebene des Bewußtseins, «Klares Licht» genannt, gibt es weder Geburt noch Tod. Sicher, der Tod ist etwas, wovor wir uns im allgemeinen fürchten. Doch da er eine unvermeidliche Tatsache ist, wäre es gut, sich im Laufe seines Lebens mit der Idee des Todes vertraut zu machen, damit der Moment, da er eintritt, nicht zu einem Schock wird. Wir meditieren nicht regelmäßig über den Tod, um schneller zu sterben! Im Gegenteil, wir wünschen uns wie alle anderen auch, lange zu leben. Doch da dieses Ereignis unausweichlich eintreten wird, halten wir es für gut, uns frühzeitig darauf vorzubereiten, um es auf diese Weise besser zu bestehen.

Was die zur Verlängerung des Lebens angewendete Intensivbehandlung von Kranken angeht, so lassen sich hier keine allgemeingültigen Regeln aufstellen. Es handelt sich um ein komplexes Problem, das unter Berücksichtigung der verschiedenen Komponenten in jedem einzelnen Fall geprüft werden muß. Indem man das Leben eines Schwerkranken, dessen geistige Klarheit noch vorhanden ist, verlängert, gibt man ihm Gelegenheit zum Nachdenken, zur Besinnung, derer nur ein menschliches Wesen fähig ist. Gleichzeitig muß man sehen, ob die betreffende Person etwas davon hat oder im Gegenteil dadurch einem großen physischen und moralischen Leiden ausgesetzt wird. Ein anderes Problem ist es, wenn sich jemand in einem tiefen Koma befindet. Hier muß man auch die Wünsche der Familie des Kranken in Betracht ziehen.

Ich glaube, daß es am wichtigsten ist, dem Sterbenden die Gelegenheit zu geben, in einem Zustand der Gelassenheit und des inneren Friedens Abschied nehmen zu können. Man muß auch berücksichtigen, ob der Sterbende gläubig ist oder nicht, aber ich meine, daß es in jedem Fall besser ist, in einer Atmosphäre des Friedens zu sterben.

PHÄNOMENE UND BEWUSSTSEIN

Ich freue mich, an diesem Seminar mit bedeutenden Gelehrten teilnehmen zu können. Ich habe sehr viel aus meinen Begegnungen mit den verschiedensten Wissenschaftlern gelernt. Und bestimmte buddhistische Erläuterungen waren umgekehrt den Wissenschaftlern sehr nützlich, da sie ihnen eine andere Perspektive hinsichtlich ihres Spezialgebiets eröffnen konnten. Wahrscheinlich besitzen die meisten von Ihnen gewisse Kenntnisse über die buddhistische Denkweise, insbesondere des Mahayana, wo es heißt, am Anfang kritisch zu sein, dann die Lehre genau zu erforschen und zu überprüfen, und sie erst anzunehmen, nachdem man sich von ihrem Wahrheitsgehalt überzeugt hat.

Wir haben sogar das Recht, die Worte Buddhas – natürlich mit allem Respekt – zu verwerfen, sofern wir einen Widerspruch in ihnen entdecken. Wir pflegen also die Freiheit des kritischen Denkens, selbst im Hinblick auf unsere eigene Philosophie. Ich sehe daher keinerlei Hinderungsgrund für eine Diskussion mit modernen Wissenschaftlern, auch nicht mit radikalen Materialisten. Ganz im Gegenteil! Wir übernehmen nämlich meiner Meinung nach einige Ideen zu unkritisch. Gewisse Konzepte verstehen sich für Menschen aus dem buddhistischen Kulturkreis von selbst, und ein eigenständiges, gründliches Analysieren kommt dabei oft zu kurz. Kritische Fragen, die einen zwingen, über ein Thema wirklich nachzudenken, sind deshalb sehr nützlich.

Zunächst möchte ich Ihnen kurz die buddhistische Sichtweise der Interdependenz darlegen. Man kann dieses Prinzip – auch «abhängiges Entstehen» genannt – auf verschiedenen Ebenen verstehen, angefangen mit der des Gesetzes von Ursache und Wirkung, das von den vier buddhistischen Schulen anerkannt wird. Eine andere Art des Zugangs bezieht sich auf die Tatsache, daß ein Ganzes von seinen Teilen abhängt. Tatsächlich wird alles Existierende als aus Teilen bestehend betrachtet, und sowie etwas aus Teilen zusammengesetzt ist, ist es abhängig und kann keinesfalls autonom existieren.

Um das Prinzip der Interdependenz besser zu verstehen, müssen wir es in Zusammenhang mit der buddhistischen Erklärung der Realität sehen. Alles Existierende muß entweder beständig oder unbeständig sein, eine dritte Möglichkeit gibt es nicht. Unter den unbeständigen Phänomenen gibt es physische, auch «Form» genannt, und nichtphysische, zu denen auf der einen Seite die geistigen Phänomene gehören und auf der anderen abstrakte Phänomene, die weder Form noch Geist sind. Die Interdependenz von physischen Phänomenen definiert sich durch ihre räumliche Teilbarkeit. Die Interdependenz der nichtphysischen Phänomene wird in Beziehung zur Zeit definiert. Der Geist ist eine zeitlich unterteilbare Abfolge von Augenblicken. Deshalb sprechen wir vom geistigen Kontinuum. Von den Phänomenen, die weder Form noch Geist sind, wird gesagt, daß sie ebenfalls räumlich unterteilbar sind, denn wir sprechen beispielsweise hinsichtlich des Raumes von einer südlichen Richtung, vom Osten, Westen und so weiter.

Ich gebe Ihnen nun eine Erklärung des Prinzips der Interdependenz nach der Madhyamika-Schule, dem

Mittleren Weg, die zwei Unterschulen umfaßt, von denen die Prasangika-Schule die bedeutendere ist. Diese Denkrichtung gibt, über die eben erwähnte Interpretation des abhängigen Entstehens hinausgehend, eine noch subtilere Erklärung, nämlich die der «Unauffindbarkeit» alles Existierenden. Anders ausgedrückt: Wenn wir mittels analytischer Methoden ein Phänomen über seine Erscheinung hinaus suchen, ist es nicht zu finden. Sollte nun daraus geschlossen werden, daß es überhaupt nicht existiert? Keinesfalls, das wäre eine nihilistische Sicht. Die Phänomene als solche existieren nicht autonom, sondern eher in einer Beziehung der Abhängigkeit von anderen Phänomenen, durch den Namen, der sie bezeichnet.

Die Phänomene existieren also kraft ihrer Benennung, es gibt kein Phänomen, das auf andere Weise existierte. Dies ist die tiefgründigste Art und Weise, das Prinzip der Interdependenz zu verstehen. Doch existiert nicht notwendigerweise alles, was vom Geist benannt werden kann. Das allerschwierigste ist, zu entscheiden, welche der Konzepte des Geistes auf konventionelle Weise existieren und welche nicht. Eine autonome und unabhängige Existenz der Phänomene muß verneint werden, und gleichzeitig darf nicht in einen übertriebenen Relativismus verfallen werden, für den alles, was der Geist sich vorstellt, real ist.

Hier erhebt sich nun die Frage nach den Kriterien, die es ermöglichen, zu bestimmen, welche der vom Geist benennbaren Phänomene existieren. Die Prasangika-Texte nennen drei Kriterien: Ein vom Geist erfaßtes Phänomen existiert 1. wenn es durch eine unmittelbare, nichtdeduktive Wahrnehmung anerkannt wird, 2. wenn dieser unmittelbaren Wahrnehmung nicht durch eine erwiesene Wahrnehmung auf der konventionellen Ebene widersprochen wird und 3. wenn seine Existenz nicht verneint wird vom analytischen Geist, der die letzte Seinsweise eines Phänomens erforscht. Nach diesen drei Kriterien läßt sich festlegen, ob ein Phänomen auf konventionelle Weise existiert oder nicht. Diese Kriterien beziehen sich einzig und allein auf den das fragliche Objekt wahrnehmenden Geist, was uns wieder daran erinnert, daß nichts unabhängig vom wahrnehmenden Geist existieren kann.

Was den Begriff der «erwiesenen Wahrnehmung» angeht, so erkennt diese – allen Schulen mit Ausnahme der Prasangika zufolge – ihren Gegenstand ohne jeden Irrtum und jede Ungenauigkeit. Für die Prasangika-Schule des Mittleren Weges ist, obwohl sich eine erwiesene Wahrnehmung im Innewerden des wahrgenommenen Objekts nicht täuscht, trotzdem ein Element der Ungenauigkeit vorhanden. Nehmen wir als Beispiel den Fall der erwiesenen deduktiven Wahrnehmung der Vergänglichkeit des Klangs. Diese Erfahrung, die stattfindet hinsichtlich des erfahrenen Objekts – die Vergänglichkeit des Klangs –, ist für die Vertreter der Prasangika-Richtung nichtsdestoweniger ungenau, weil dadurch das Objekt wie mit einer absoluten, unabhängigen Existenz ausgestattet scheint. Da für alle anderen Schulen eine wirkliche Existenz der konventionellen Realität gegeben ist, ist die Wahrnehmung der Phänomene als auf diese Weise existierend für sie richtig, ebenso wie die erwiesene Wahrnehmung in all ihren Aspekten. Der Prasangika-Schule nach ist die einzige vollkommen genaue und völlig irrtumsfreie Wahrnehmung die direkte Erfahrung der Leerheit (shunyata), das heißt die direkte Wahrnehmung der letztendlichen Natur der Phänomene.

Ein Beispiel, das den Standpunkt der klassischen Physik mit dem der Quantenphysik vergleicht: Stellen wir uns einen Fischer vor, der in einem schlammigen Teich angelt. Vom klassischen Standpunkt aus ist ein Fisch vorhanden, der da herumschwimmt und nur unsichtbar ist, weil das Wasser trübe ist. Der Fischer kann ihn herausangeln und dann an seiner Angelschnur hängen sehen. Bisher war der Fisch völlig lokalisierbar, und es gab überhaupt keine Interaktion im Innern des Teiches.

Hingegen geht vom Standpunkt der Quantentheorie aus der Fisch im Teich auf, kann nicht mehr einwandfrei lokalisiert werden. Es findet in jedem Augenblick eine Art Interaktion mit dem gesamten Teich statt. Wenn es dem Fischer gelingt, den Fisch zu fangen, findet ein Vorgang der Lokalisierung statt, und er kann einen ganz gewöhnlichen Fisch an seiner Leine hängen sehen. Wenn er ihn dann ins Gras wirft, löst er sich wieder auf, weil der Fischer ihn nicht mehr anschaut.

Glauben Sie, daß der Standpunkt der Quantentheorie, daß jedes mikroskopische Teilchen eine Art Kenntnis seiner gesamten räumlichen Umgebung besitzt, fruchtbarer ist als der klassische Standpunkt?

Ich spüre, daß in der Tiefe einige Übereinstimmungen der Quantentheorie mit der buddhistischen Sicht der Interdependenz vorhanden sind, aber mein Verständnis der Quantenphysik geht noch nicht sehr weit. Obwohl ich mich anstrenge, habe ich immer noch meine Schwierigkeiten damit und fühle mich nicht kompetent genug, Parallelen zu ziehen. Nach Ihrer Beschreibung glaube ich jedoch sagen zu können, daß es Ähnlichkeiten gibt zwischen der Sicht der Realität in der Quantenphysik und der Sicht der buddhistischen Cittamatrin-Schule, der Nur-Geist-Philosophie. Ihrzufolge ist das physische Universum nicht im Außen entstanden, sondern nichts anderes als die Natur des Geistes. Zur Untermauerung dieser These wird die Zusammengehörigkeit von Objekt (das Wahrgenommene) und Subjekt (der Wahrneh-

221

mende) betont: Wenn man etwas beobachtet, bestehen das Objekt und dessen Wahrgenommenwerden simultan. Das Objekt existiert also nur, wenn es wahrgenommen wird. Diese Anschauung, nach der die Außenwelt letzten Endes nur eine Projektion des Geistes ist, wird hingegen von der Prasangika-Schule abgelehnt, weil dadurch zahlreiche philosophische und logische Ungereimtheiten entstehen.

Es ließe sich möglicherweise eine interessante Parallele ziehen zwischen der Quantenmechanik, die die Realität mehr fließend als festumschrieben sieht, und einer besonderen Art der Meditation über die Materie, bei der der Meditierende sich auf das Wesen eines mikroskopisch kleinen Objekts als eine sich aus winzigen Teilchen zusammensetzende Form konzentriert. Nach längerer Übung wird die Wahrnehmung der Elementarteilchen, aus denen das Objekt gebildet ist, so deutlich, daß der Meditierende, auch wenn er den Gegenstand befühlt, seine materielle Festigkeit nicht mehr spürt. Diese Erfahrung ist nichts Theoretisches, sie wird in der Meditation gemacht.

Einige Wesen können sich in der Meditation frei durch die Luft bewegen. Normalerweise wird diese als leer und kein Hindernis bietend betrachtet. Obwohl sie nicht aus groben stofflichen Bestandteilen besteht, kann der Meditierende, der sich auf ihre winzigen Elementarteilchen und deren Räumlichkeit und subtile Dichte konzentriert, zum Schluß in der Lage sein, auf ihnen zu gehen. Auch hier handelt es sich wiederum um eine meditative Erfahrung. Da diese ungewöhnlichen Tatsachen in der Meditation möglich werden, wäre es interessant zu wissen, ob die Quantenmechanik eine Erklärung dafür zu bieten hat.

Die Physiker versuchen mit der Interdependenz klarzukom-

men, weil sie eine Tatsache ist, der man Rechnung tragen muß.
Doch sie sind bei ihren Versuchen, die geeignete Art und Weise
zu finden, ein Problem zu behandeln, nicht in einer objektiven
und rational gesicherten Lage. Immer wird der Wissensdrang da
sein, der Drang nach der Wahrheit, der den Versuch störend
beeinflußt.

In der Tat ist das von Ihnen beschriebene Problem Ihrer
Forschung über die Natur der Realität etwas, womit wir
alle im täglichen Leben konfrontiert sind. Wenn wir,
bevor wir etwas tun, erst alle Komponenten, aus denen
die Realität besteht, im Detail kennen müßten, würden
wir niemals dazu kommen zu handeln! Wir müssen also
einen Kompromiß finden.

Ich kann mir schwer vorstellen, daß man eines Tages
ein Stadium erreichen wird, in dem man in der Lage ist,
eine definitive und vollständige Erklärung dessen geben
zu können, was Realität ist. Obgleich ich die Beschreibung der Realität in der Quantenmechanik nicht ganz
verstehe, scheint es mir dem wenigen nach, was ich
darüber weiß, so zu sein, daß man die Natur auf ihrer
subtilsten Ebene als unberechenbar erkennt. Versucht
man die Gesetze ihres Verhaltens aufzustellen, erweisen
sie sich als unhaltbar. Es finden Veränderungen statt, für
die es keine Erklärung gibt, die zufällig scheinen oder aus
Gründen erfolgen, die man nicht kennt. Weshalb ich mich
als Buddhist frage, ob der eingreifende und diese Wechsel
erklärende Faktor nicht das karmische Prinzip ist, das
Gesetz der Kausalität. Die Unberechenbarkeit könnte
vielleicht mit dem Vorhandensein von Elementarteilchen
erklärt werden, die noch subtiler sind als jene, die wir
bereits kennen, und ausgestattet mit dem Einfluß des
Karma.

Welche Art von Irrealität, sofern es eine gibt, liegt Ihnen am nächsten?

Die buddhistische Antwort auf die Frage nach dem, was Realität ist, fällt einfach und direkt aus: Sie ist abhängiger Natur. Wenn wir im Buddhismus den Ausdruck Realität benutzen, müssen wir wissen, von welcher Ebene der Realität die Rede ist. Bewegen wir uns auf der Ebene der Welt der Erscheinungsformen, was man die relative oder konventionelle Wahrheit nennt, dann läßt sich diese Realität in komplexen Begriffen und auf sehr detaillierte Weise beschreiben. Auf einer allgemeinen Ebene gesprochen, würde man zur Beschreibung der Hauptkennzeichen der Realität und ihres letztendlichen Wesens sagen, daß sie einerseits nicht von ihren eigenen Merkmalen produziert wird und daß sie ohne wahre oder absolute Existenz ist, und andererseits, daß sie abhängiger Natur ist. In der buddhistischen Terminologie sind diese beiden Seiten, das heißt die Leerheit und die Interdependenz, wie die beiden Seiten ein und derselben Münze.

Die Definition von Realität auf der Ebene der konventionellen Wahrheit fällt, wie gesagt, sehr komplex aus. Wenn man die buddhistischen Philosophen beispielsweise auffordert, ein bestimmtes Objekt zu definieren, liefern sie eine stimmige und überzeugende Definition desselben, indem sie auf mehr oder weniger vollständige Weise seine Eigenschaften aufzählen. Sie geben die Hauptcharakteristika des Objekts an und fügen ein «neben anderen» hinzu. Wenn wir sie darauf hinweisen, daß die Liste nicht vollständig ist, geben sie zur Antwort, daß eine derartige Liste alle existierenden Phänomene enthalten würde, da das betreffende Objekt in Beziehung zu ihnen allen steht. An dieser Stelle ist es von Bedeutung, die Relation zwischen Sprache, Vorstellung und den

Phänomenen zu verstehen. Dies ist eine sehr tiefgehende Frage. Nach der buddhistischen Logik besteht sie in einem Prozeß des Ausschließens dessen, was das Objekt nicht ist, und nicht etwa in einer einfachen Bestätigung.

Ich möchte Ihnen anhand von zwei Texten zeigen, wie schwierig es ist, zwischen der Quantenmechanik und einem buddhistischen Verständnis zu unterscheiden. Aus einem Pali-Text:

Vasha fragte den Buddha:

Behauptet Ihr, daß die Seele eines Heiligen weiterbesteht nach seinem Tod?

— Ich behaupte nicht, daß die Seele eines Heiligen weiterbesteht nach seinem Tod.

Behauptet Ihr, daß die Seele eines Heiligen nach seinem Tod nicht weiterbesteht?

— Ich behaupte nicht, daß die Seele eines Heiligen nach seinem Tod nicht weiterbesteht.

Wo wird der Heilige wiedergeboren?

— Es ist unangemessen zu sagen, daß der Heilige wiedergeboren wird.

Dann wird er also nicht wiedergeboren?

— Es ist unangemessen zu sagen, daß der Heilige nicht wiedergeboren wird.

Nun ein Auszug aus einem Buch von Oppenheimer:

Wenn wir beispielsweise fragen, ob die Stellung des Elektrons die gleiche bleibt, müssen wir darauf mit Nein antworten. Wenn wir fragen, ob die Stellung des Elektrons sich mit der Zeit ändert, müssen wir darauf mit Nein antworten. Wenn wir uns fragen, ob die Stellung des Elektrons in Ruhe ist, müssen wir darauf mit Nein antworten. Wenn wir uns fragen, ob es sich bewegt, müssen wir darauf mit Nein antworten.

Fördern die wissenschaftlichen Wahrheiten nicht eine Struktur des Universums zutage mit verborgenen Wahrheiten, die wir ausgraben wie Schätze unserer Ahnen? Oder aber sind wir, und besonders die Physiker, wie Zauberer, die Kaninchen hervorzaubern, die wir zuvor im Zylinder versteckt haben?

Eine der von den buddhistischen Texten beschriebenen Qualitäten des Buddha ist die Allwissenheit. Nun kann es aber keine Allwissenheit geben, wenn es nichts zu wissen, zu erkennen gibt. In den Schriften heißt es, daß das Erkennbare zwei Aspekte hat: eine letzte Natur und eine relative oder konventionelle Wahrheit. Nagarjuna sagt: «Nur durch das Verstehen der zwei Wahrheiten kann man zur Befreiung gelangen. Wenn man keine Kenntnis von ihnen hat, kann man keine Befreiung erlangen.» Der Unterschied zwischen der Befreiung – Zustand der Freiheit – und ihrem Gegenteil, Samsara – Zustand der Unwissenheit und Knechtschaft –, ist das Wissen oder Nichtwissen um die letzte Natur der Dinge, nämlich die Leerheit *(shunyata).*

Die Allwissenheit eines Buddha wird mit einundzwanzig Klassen der tiefgründigen und durchdringenden Weisheit beschrieben, die sich aufzweigen in hundertsechsundvierzig verschiedene höhere Weisheiten. All dies setzt voraus, daß es etwas zu wissen gibt, sonst könnte man nicht von Wissen oder Weisheit sprechen.

Die von Ihnen zitierte Textstelle stammt aus einem Sutra, in dem vierzehn Fragen aufgezählt werden, die unbeantwortet bleiben. In seiner Schrift *Prajnamula* («Die Fundamente der Weisheit») kommentiert der indische Philosoph Nagarjuna dieses Thema ausführlich und stellt bestimmte Kriterien auf, nach denen es möglich wird zu verstehen, weshalb Buddha auf manche Fragen keine Antwort gegeben hat. Nagarjuna erklärt unter anderem, daß Buddha es dann vorgezogen hat zu schweigen, wenn durch eine bestätigende oder verneinende Antwort der Fragende zu einer eternalistischen bzw. nihilistischen Sichtweise verleitet worden wäre.

Ein ähnliches Denkmodell gilt in der buddhistischen Logik hinsichtlich der Begriffe der Leerheit. Es gibt eine Überlegung in vier Punkten, die zu der Schlußfolgerung führt, daß die vier falschen Anschauungen nicht auf sie zutreffen: die Vorstellung einer absoluten Existenz, einer totalen Nichtexistenz, daß beide zusammen existieren und weder das eine noch das andere existiert. Würden die Phänomene nicht auf einer konventionellen Ebene existieren, könnte eine solche Überlegung, vor allem was die extreme Anschauung einer völligen Nichtexistenz angeht, nicht stattfinden. Demnach ist meine Antwort auf Ihre Frage, daß es eine Realität der Phänomene gibt, die wir verstehen können und die uns zugänglich ist.

Was die Begriffe Existenz und Nichtexistenz angeht, so macht Nagarjuna in einer seiner Schriften deutlich, daß das Verneinen des Nichtvorhandenseins einer wirklichen Existenz darauf hinausläuft, eine wirkliche Existenz zu bestätigen. Es handelt sich hier um ein auf sich widersprechende Phänomene angewendetes logisches Prinzip, wo nicht nur die Verneinung einer Sache ihr Gegenteil bestätigt, sondern darüber hinaus auch eine dritte Konfiguration nicht in Frage kommen kann. Kamalashila, der Schüler des großen Philosophen Shantarakshita, vertritt im «Ornament der Mitte» den gleichen Standpunkt.

Die Position der Madhyamika-Prasangika-Schule hinsichtlich der Frage nach der Natur der Realität ist sehr komplex. Sie verneint jeden Status des Wirklichen und Autonomen, der gewöhnlich den Phänomenen verliehen wird. Die Phänomene existieren, aber auf voneinander abhängige Weise, als Begriffe. Daraus dürfen Sie nun nicht den Schluß ziehen, daß alles, was der Geist imaginiert, auch existiert. Selbst das Gesetz des Karma hat nur begrenzte Gültigkeit. Auf einer bestimmten Ebene der Realität greift es nämlich nicht ein. Nehmen wir das Beispiel der Kontinuität: Der Sachverhalt, daß vorherige Augenblicke zu nachfolgenden Augenblicken führen, ist ein natürlicher Vorgang und hat mit Karma nichts zu tun.

Wir sehen also, in der Madhyamika-Prasangika-Philosophie muß ein Gleichgewicht gefunden werden, eine Mitte zwischen dem Extrem des Nihilismus einerseits, wo die Phänomene keine Existenz haben, und dem Extrem des Eternalismus andererseits, wo sie eine Existenz haben, die unabhängig, absolut ist.

Um die Vielfältigkeit, die Relativität und Komplexität der wissenschaftlichen Realität von heute zu erfassen, bedarf es einer bisher ungekannten Anstrengung der Vorstellungskraft und einer Erneuerung der Konzepte. Der Philosoph Schopenhauer hat sich zu Anfang dieses Jahrhunderts vom buddhistischen Gedankengut zu einer neuen Vorstellung von der Welt inspirieren lassen. Es ist symptomatisch, daß diese Frage sich heute in das Feld der Wissenschaften verlagert. Finden die Vielfältigkeit der Welten, der Status der Relativität ihrer Objekte, der interaktionelle Charakter unserer Kenntnisse und Anwendungen einen Widerhall in der buddhistischen Kosmologie der Interdependenz? Gibt es Berührungspunkte zwischen der nichtdualistischen Logik des Buddhismus, seiner Betonung der Leerheit und dem zeitgenössischen Denkmodus, den ich charakterisieren würde als ein Erfassen der Dinge in Begriffen ihrer Bezogenheit, als eine relativistische Auffassung der Wahrheiten und als das Akzeptieren einer Pluralität von Formen des Rationalen, ebenso wie einer Vielfalt von Welten?

Ich möchte im Zusammenhang mit der von Ihnen aufgeworfenen Frage auf der eben erwähnten Notwendigkeit beharren, im Sinne der buddhistischen Sichtweise die richtige Mitte zu finden zwischen den Extremen des Nihilismus und des Eternalismus; einen Mittelweg, der die Existenz der Phänomene als Begriffe anerkennt und ihre absolute Existenz verneint. Eine der schwierigsten Aufgaben in der Philosophie der Prasangika-Schule! Die Schwierigkeit liegt dabei nicht so sehr in der Verneinung einer eigentlichen Existenz der Phänomene als im Begreifen dessen, was übrigbleibt.

Immer wenn im Buddhismus von Dualität die Rede ist, müssen die unterschiedlichen Bedeutungen dieses Begriffs bedacht werden. Wir sprechen beispielsweise von einer nichtdualistischen Wahrnehmung, die die beiden Wahrheiten, die relative und die absolute, gleichzeitig wahrnimmt. Von einer nichtdualistischen Wahrnehmung im Sinne einer direkten, nicht über ein mentales Bild vermittelten Wahrnehmung. Und schließlich von einer nichtdualistischen Wahrnehmung, die ihr Objekt nicht länger wie eine unabhängige und autonome Entität sieht. Das höchste Niveau der Nichtdualität ist die höchste Weisheit, die nichtkonzeptuell ist, frei von jedweder Dualität. Diese sich im Rahmen einer meditativen Erfahrung entfaltende Weisheit hat nichts mit der gewöhnlichen Wahrnehmung der konventionellen Realität zu tun.

Ich würde gern etwas zu dem bemerken, was ich aus den Beiträgen der bisherigen Redner herausgehört habe: Ich kann mich täuschen, aber ich habe das Gefühl, daß das westliche Denken dazu tendiert, von einem Extrem ins andere zu fallen. Früher hatte man in Wissenschaft und Technik den ausgesprochenen Drang, feste Grundlagen und absolute Wahrheiten zu finden. Inzwischen wird diese Art des Forschens zum großen Teil als aussichtslos betrachtet. Eine Kehrtwendung hat stattgefunden, und das andere Extrem ist an der Reihe, das des Relativismus, wo letzten Endes nichts mehr existiert und wo es auch vielleicht keine Realität als solche mehr gibt! Ich glaube, daß der Möglichkeit des Vorhandenseins von Grauzonen zwischen den Extremen nicht Rechnung getragen wird. Das ist jedenfalls meine Beobachtung.

Es wird viel von der Ungleichheit zwischen unserer Wahrnehmung der Welt und der Realität an sich gesprochen, und der bloße Gedanke, daß ein Widerspruch besteht zwischen der Art und Weise, wie wir die Phänomene sehen und wie sie sind, läßt vermuten, daß die Realität bis zu einem gewissen Grad existiert.

In Ihrer Tradition kennt man Zustände der Klarheit und Berichte über den Augenblick, in dem sich Menschen in diesem subtileren Geisteszustand befinden. Meine Frage ist deshalb eine zweifache. Glauben Sie, daß diese nichtkognitiven Geisteszustände im Prinzip mit unseren Hilfsmitteln, äußeren Hilfsmitteln also, beobachtet werden können? Wenn wir zum Beispiel jemanden, der sich im Zustand des Klaren Lichts befindet, in eine unserer modernen Maschinen mit magnetischem Schwingungskreis setzen, mit den neuen Techniken zur Abbildung des Gehirns, würden wir dann etwas sehen können, eine Manifestation dieses subtilen Zustands? Vielleicht sind wir heute dazu noch nicht in der Lage, aber ist es grundsätzlich möglich? Wenn das der Fall wäre, wie sähe dann Ihrer Meinung nach auf dem Gebiet der Interdependenz die Beziehung zwischen diesen beiden Ebenen, der groben und der subtilen, aus? Denn wir wollen ja nicht in einen neuen Dualismus zwischen subtil und grob verfallen. Worin besteht das Wesen der Kausalität zwischen diesen beiden Ebenen?

Es dürfte meiner Meinung nach schwierig sein, die dem

Geist eigene Fähigkeit zu messen, sein Objekt widerzuspiegeln und zu erkennen. Da sich die Erfahrungen des
groben Geistes aber in der Aktivität des Gehirns manifestieren und auf diese Weise als solche beobachtet werden
können, müßte es ebenfalls möglich sein, die physischen
Manifestationen der subtileren Geisteszustände zu erforschen. Die subtile Bewußtseinsebene, das Klare Licht,
manifestiert sich unter anderem im Augenblick des Todes. Jene, die sich in den Vorbedingungen geübt haben,
sind fähig, diesen Zustand willentlich nach dem Tod
mehrere Tage lang aufrechtzuerhalten. Ihr Körper verwest nicht und behält seine Frische. Dieses Phänomen
kann mit wissenschaftlichen Instrumenten beobachtet
werden, was in Indien schon geschehen ist. Obwohl es
mir kaum vorstellbar scheint, den subtilen Geisteszustand
in seiner Ganzheit mit wissenschaftlichen Mitteln zu analysieren, glaube ich doch, daß wir uns zumindest eine
Vorstellung davon machen könnten.

Um auf die zweite Frage hinsichtlich der Beziehung
zwischen grobem und subtilem Geist einzugehen, so muß
man wissen, daß der Grad der Subtilität des Geistes
teilweise vom Grad der Subtilität seiner körperlichen
Basis abhängt, besonders von den sechs Sinnen. Doch die
aller Wahrnehmung gemeinsame Fähigkeit, ein Objekt
widerzuspiegeln und zu erkennen, rührt vom subtilen
Geist her. Auf diese Weise ist die fundamentale Beziehung
zwischen den groben und subtilen Ebenen des Geistes zu
verstehen. Die Sinnes- und mentalen Bewußtseinsformen
bilden sich in Abhängigkeit von den spezifischen Bedingungen der einzelnen Sinne. Der größeren Derbheit ihrer
Basis wegen sind die Sinneswahrnehmungen relativ
grob, verglichen mit den mentalen Bewußtseinsformen.
Allen aber ist die Fähigkeit eigen, ihr Objekt widerspie-
geln und erkennen zu können, eine Fähigkeit, die sich aus

der gemeinsamen Basis ergibt, dem subtilen Geist, dem Klaren Licht. Die tantrischen Schriften des Buddhismus erläutern, auf welche Art und Weise die groben Ebenen des Geistes mit dem subtilen Geist verbunden sind. Dies ist ein sehr komplexes Gebiet, auf das an dieser Stelle kaum näher eingegangen werden kann.

Mein Interesse gilt ganz besonders der Frage nach der Gültigkeitserklärung der Phänomene durch das Bewußtsein. Ich möchte Sie deshalb fragen, ob über gewisse punktuelle Analogien zwischen dem Dharma und den modernen Wissenschaften hinaus der Buddhismus – insbesondere durch die Meditation – dem Westen nicht etwas viel Fundamentaleres zu bieten hat: eine neue Sicht von Raum und Zeit, die die wissenschaftlichen Informationen mehr in die Nähe einer wirklich bewußten Realität bringen und nicht immer nur diese spannenden Fiktionen bezüglich Materie/Energie, gekrümmter Raum/Zeit, Nichtsubstantialität der Phänomene usw. sind.

Ich habe keine direkte Antwort auf Ihre Frage, ich kann Ihnen nur einige Gedanken dazu anbieten. Es könnte von Interesse sein, in diesem Zusammenhang auf bestimmte Arten von Phänomenen hinzuweisen, die in den philosophischen Texten des Buddhismus erwähnt werden, physische Phänomene, Formen, die nicht aus grober Materie bestehen, sondern eher subtile Formen sind, die sich in fünf Klassen einteilen. Die erste Kategorie ist die der Formen, die aus einer Ansammlung von kleinsten Teilchen bestehen, wie den Atomen. Ihre Form wird als sphärisch beschrieben, ihre Farbe nicht erwähnt.

Dann kommen die mentalen Erscheinungen des Raums. Vielleicht könnte die moderne Wissenschaft zu diesem Thema erhellende Erklärungen liefern. Handelt es sich hierbei um Teilchen des Raums oder des Lichts?

Diese beiden Kategorien von physischen, subtilen Phäno-menen sind allgemein anerkannt und nicht bloße mentale Schöpfungen.

Die dritte Kategorie umfaßt subtile, visualisierte For-men, die einem Meditierendem erscheinen, die nur er allein wahrnimmt und die keine gewöhnlichen Funktio-nen erfüllen können.

Die nächste Kategorie ist die der Form, die durch die Kraft der Konzentration erzeugt werden kann. Es handelt sich um Phänomene, die von Menschen, die diese Kraft sehr stark entwickelt haben, aus den vier Elementen hervorgerufen werden, und die nicht nur vom Meditie-renden, sondern auch von Außenstehenden wahrgenom-men werden können. So ist es etwa möglich, in der Meditation ein Feuer zu erzeugen, das seine Funktion, zu brennen oder zu wärmen, erfüllt. Dies mag aufs äußerste sonderbar erscheinen, und ich weiß nicht genau, wie dies interpretiert oder verstanden werden kann, denke aber, daß diese Formen nicht lange bestehen, vermutlich nur für die Dauer der Meditation.

Die dritte und vierte Kategorie dürfte Stoff zum Nach-denken für die Wissenschaft sein! Wenn diese Formen existieren, wie entstehen sie?

Diese Erklärungen stammen alle aus den Sutras. Man kann dieses Thema auch im Licht der tantrischen Texte betrachten, dem esoterischen Aspekt des Buddhismus, wo ausgiebig über die Natur von mehr oder weniger subtilen Energien gesprochen wird.

WIRKLICHKEIT UND UNWISSENHEIT

Wie wird der Begriff der Zeit im Buddhismus definiert?

Hinsichtlich des Begriffs der Zeit nimmt unsere Philosophie verschiedene Positionen ein. Für die Sautrantika-Schule bestehen die Phänomene und Ereignisse nur im gegenwärtigen Augenblick. Vergangenheit und Zukunft sind nichts als Konzepte, bloße mentale Konstruktionen.

Die Madhyamika-Prasangika-Schule erklärt im allgemeinen die Zeit in Begriffen der Relativität, als Abstraktum, das vom Geist aufgrund von Schlußfolgerungen postuliert wird und die Kontinuität eines Ereignisses oder Phänomens darstellt. Daß die Zeit etwas Relatives oder Abhängiges ist, ist offenkundig, und von daher erweist sich der Gedanke, sie als eine autonome Entität, unabhängig von einem vorhandenen Objekt beschreiben zu wollen, als ausgeschlossen. Das Erfassen von äußeren Objekten kann man mühelos in Zeitabschnitten wie Vergangenheit und Zukunft einteilen – nur die Gegenwart scheint ungreifbar. Zeit läßt sich in Jahrhunderte, Jahrzehnte, Jahre, Tage, Stunden, Minuten und Sekunden unterteilen, da aber auch die Sekunde sich wieder in kleinste Teile, in Millisekunden, aufspalten läßt, wird die Gegenwart so verschwindend kurz, daß man sie aus den Augen verliert.

Was das Bewußtsein angeht, so gibt es hier weder Vergangenheit noch Zukunft, sondern nur Augenblicke der Gegenwart. Während für die Wahrnehmung von äußeren Objekten gilt, daß die Gegenwart in Vergangenheit und Zukunft untergeht, ist das Bewußtsein ein Kontinuum von einander ablösenden Momenten der Gegenwart. Es ist jedoch sinnlos, diese Logik weiterzuverfolgen, denn um die Vergangenheit und die Zukunft zu orten, bedarf es eines Bezugspunktes, der in diesem Fall die Gegenwart ist, deren Spur uns in den Bruchteilen von Millisekunden verloren gegangen ist...

Wenn das Bewußtsein weder einen Anfang hat noch ein Ende und wenn es nicht für immer besteht, altert es dann so wie ein Haus, in ständiger Transformation? Aber wenn es weder Form noch Farbe, noch Geruch hat, wie kann es sich dann transformieren?

Damit wir uns hinsichtlich dieses schwierigen Begriffs des Bewußtseins recht verstehen: Wir haben lediglich ein grobes intellektuelles und partielles Verständnis davon. Ein Verfeinern desselben durch analytisches Forschen führt uns zur Entdeckung der lichthaften, klaren und wissenden Natur des Bewußtseins. Diese Natur eindeutig identifizieren zu können, ist das allererste. Dann, wenn wir es mitsamt seinen Merkmalen der Immaterialität und Ungehindertheit erkannt haben, können wir es mit den äußeren Objekten vergleichen und mit einer dritten Kategorie von Phänomenen, abstrakten Vorstellungen wie dem Begriff der Zeit und der Veränderung, die weder von der Art des Bewußtseins noch der materieller Objekte sind. Wenn wir auf diese Weise das Wesen des Bewußtseins erfaßt haben, ist es nicht nur möglich, die Veränderungen, die im Bewußtsein vor sich gehen, bewußt zu erfahren, sondern auch zu verstehen, daß sie von einem vorhergegangenen Bewußtsein abhängen. Nur ein vorhergegangener Bewußtseinsmoment kann den nachfolgenden Bewußtseinsmoment herbeiführen, nichts anderes besitzt diese Fähigkeit.

Ich glaube jedoch nicht, daß man lediglich von einer zeitlichen Abfolge sprechen kann. Dieser Gedanke – das Altern also – hat nämlich nur bezogen auf materielle Phänomene wie den Körper einen Sinn. Auf der Ebene der unterschiedlichen einzelnen Bewußtseinsformen kann der Begriff des Alterns auf die physiologische Basis angewendet werden, auf den Körper eines Lebewesens. Im Fall der unterschiedlichen Formen von Sinnesbewußtsein vollzieht sich das Altern hauptsächlich in Abhängigkeit von den physiologischen Bedingungen des einzelnen. Beide Entwicklungen sind nicht unabhängig voneinander. Von einem Altern der verschiedenen Formen von Sinnesbewußtsein zu sprechen ist möglich, wenn man dieses Postulat mit einem biologischen, physiologischen Prozeß in Verbindung bringt, was hinsichtlich des mentalen Bewußtseins nicht möglich ist. Ich halte es für sehr wichtig, über die Natur des Bewußtseins nachzudenken und die verschiedenen Bewußtseinsarten zu kennen. In den buddhistischen Schriften wird gesagt, daß Sinneswahrnehmungen wie das Sehbewußtsein direkt und nichtdualistisch sind. Die Sinneswahrnehmung einer Form geschieht, ohne daß zwischen guten oder schlechten, erwünschten oder unerwünschten Aspekten unterschieden wird. Die Trennung erfolgt auf einer konzeptuellen Ebene, auf der ein Vorgang abläuft, der viel interpretierender ist als eine einfache Sinneswahrnehmung.

Was das mentale Bewußtsein angeht, den Bereich des begrifflichen Denkens, so gibt es hier, wie die Tantras erklären, verschiedene Ebenen, die von grob bis allersubtilst reichen. Das Gehirn, die Neuronen, Synapsen usw. stehen in Beziehung zum Bewußtsein. Wenn man sie mit dem, was in den tantrischen Schriften als Energie (tib. *lung*, skrt. *prana*) beschrieben wird, in Zusammenhang bringt, eröffnet sich ein weites Forschungsfeld, und die Frage nach der Beziehung zwischen Gehirn, Bewußtsein und Energie wird äußerst interessant. Es scheint, daß das Bewußtsein weiterbesteht, auch wenn alle Gehirnfunktionen aufgehört haben zu arbeiten und alle physiologischen Bedingungen verschwunden sind. Dies wird von einigen hochverwirklichten Lamas unter Beweis gestellt, deren Körper, obwohl klinisch tot, nicht verwest sind, sondern über Tage, ja sogar Wochen hinweg ihre Frische behalten haben. In diesem Stadium ist nach buddhistischer Sicht die betreffende Person noch nicht gänzlich tot. Sie durchläuft einen Entwicklungsprozeß und verweilt in einem subtilen Bewußtseinszustand. Ich denke, daß sich wissenschaftliche Erklärungen für dieses Phänomen finden lassen müßten.

Die Schriften berichten über Meditierende, die die übernatürliche Kraft, physische Objekte zu erschaffen, entwickelt haben. Ich frage mich, welches die materielle, substantielle Ursache dieser Objekte ist. Wenn ein Resultat da ist, das heißt ein physisches Objekt, das auf mentale Weise erschaffen wurde, muß ihm eine wesensgleiche Ursache vorausgegangen sein. Ich habe keine Antwort auf die Frage nach der materiellen Ursache dieser Art von geistig erschaffenen materiellen Objekten und stelle sie der Gemeinde der Mönche und Nonnen: Kann das Bewußtsein zu einer substantiellen Ursache für materielle Objekte werden? Die Tantras, wie das Guyasamaja-Tantra, sprechen vom illusorischen Körper und seiner substantiellen Ursache, die die subtile Energie ist, die zur Welt der Materie gehört.

Kann die Unwissenheit einen Anfang gehabt haben?

Da das Kontinuum des Geistes anfangslos ist, hat auch die Unwissenheit keinen Anfang. Wenn sie nämlich einen hätte, müßte sich in einem ihr vorausgehenden und von ihr verschiedenen Geisteszustand, in einem erwachten Geist also, eine Ursache finden, aus der sie resultieren würde, was keinen Sinn gibt.

Gibt es eine Anfangsursache aller Ursachen?

Nein. Nur in bestimmten Fällen und in einem ganz besonderen Zusammenhang kann man sagen, das Ursachen und Wirkungen einen Anfang haben. Ganz allgemein aber haben die Ursachen keinen Anfang und dementsprechend die Wirkungen ebenfalls nicht. Nachdem man festgestellt hat, daß das Kontinuum des Geistes anfangslos ist, wäre es ausgesprochen widersinnig, einen Anfang für die Ursachen entdecken zu wollen. Sie müssen wissen, daß die buddhistische Logik ziemlich streng ist. Wenn festgestellt wird, daß der Geist anfangslos ist, kann mit Bestimmtheit auch logisch nachgewiesen werden, daß Ursachen und Wirkungen ebenfalls anfangslos sind.

Die Art und Weise, wie die Welt von menschlichen Wesen wahrgenommen wird, unterscheidet sich stark von der der Tiere, zum Beispiel der Insekten. Existiert die Welt unabhängig von diesen verschiedenen Wahrnehmungen? Was nimmt ein Buddha wahr? Ist die Welt abhängig von den verschiedenen Bewußtseinsformen, durch die sie wahrgenommen wird oder existiert sie nur über die Sinneserfahrungen?

Das ist wirklich eine komplexe Frage! Versuchen wir, sie

aus dem Blickwinkel der menschlichen Wahrnehmungen eines Gegenstandes anzugehen. Wir nehmen den Gegenstand zwar auf eine gewisse Weise wahr, doch diese ist in Wirklichkeit nur partiell, weil wir ihn nicht von allen Seiten sehen können – was auch für das Tier gilt. Trotzdem können wir behaupten, das Objekt wahrzunehmen. Was jedoch unterstrichen werden muß, ist, daß unsere Wahrnehmung der Welt von einer falschen Vorstellung beeinflußt ist, von dem Glauben an eine wirkliche Existenz der Dinge.

Was nimmt ein Buddha wahr? Darüber etwas zu sagen ist wirklich schwierig. Eines aber ist sicher: Seine Wahrnehmung ist ungetrübt von all den Projektionen, die wir normalerweise haben, ungetrübt von der Vorstellung, daß die Welt, die Erscheinungsformen und Ereignisse eine vom sie wahrnehmenden Geist unabhängige Eigenexistenz hätten.

Die Frage, ob ein Objekt unabhängig von dem es wahrnehmenden Geist existiert, führt zu der Frage, ob es eine Realität außerhalb des Geistes gibt. Dieses Thema wird in der Philosophie des Buddhismus ausführlich erörtert. Mir scheint die Existenz eines bestimmten Objekts nicht notwendigerweise mit seiner Wahrnehmung verbunden sein zu müssen. Stellen wir uns vor, es wäre niemand hier anwesend, und dieses Buch bliebe auf dem Tisch liegen! Es wird weiterhin auf dem Tisch liegen bleiben, auch wenn es nachher von niemandem mehr gesehen wird.

Wir könnten in diesem Zusammenhang noch über vielerlei Phänomene diskutieren, deren Verständnis unklar und schwierig ist. Auf jeden Fall ist die Vorstellung, daß ein Phänomen in völliger Autonomie, unabhängig vom Geist und den Wahrnehmungen existieren könnte, nicht sehr schlüssig und scheint mir schwer vertretbar.

Für den Buddhismus gibt es kein einziges Phänomen, das nicht vom Geist eines Buddha wahrgenommen werden könnte, aber lassen wir diesen Aspekt des allwissenden Geistes eines erleuchteten Wesens als einen Bereich beiseite, den wir uns nicht ausmalen und vorstellen können, und nehmen wir den Fall eines Objekts oder Phänomens, das von einer Person nur ganz undeutlich wahrgenommen werden kann. Eine andere sieht es deutlicher, und für eine dritte Person ist es ganz klar zu sehen. Dieses Beispiel macht deutlich, daß die Idee einer von der Wahrnehmung und dem Geist vollkommen unabhängigen Außenwelt unhaltbar ist.

Ich möchte Ihnen dazu die tibetische Geschichte von zwei Mönchsschülern erzählen. Der eine sagte zum anderen, er wolle ihm eine philosophische Frage stellen: «Ist diese Tempelsäule eine mentale Konstruktion? Wird die Säule, wenn sie eine konzeptuelle Schlußfolgerung ist, weiterbestehen, wenn niemand mehr im Tempel ist? Ich weiß nicht, was ich darüber denken soll.» Worauf ihm der andere zur Antwort gab, daß er damit ein schwieriges Problem zur Sprache gebracht habe, man könne es aber folgendermaßen sehen: Für den Fall, daß es sich bei der Säule um eine mentale Konstruktion handelt, muß das Bewußtsein, das sie begrifflich konstituiert hat, in keinster Weise ständig mit ihr verbunden sein, um ihre Existenz zu garantieren ... Oder ein anderes Beispiel: Wenn jemand die Schriften studiert, wird er Schüler oder Student genannt. Es ist aber nicht nötig, immer über den Büchern zu sitzen, um als solcher bezeichnet zu werden. Ob der Betreffende schläft, ißt oder spazierengeht, immer wird er als Student bezeichnet werden können.

Heißt nicht die Wirklichkeit sehen gleichzeitig die Dualität sehen? Was darauf hinausläuft zu sagen: Wie kann ein Geist, in

dem es keine Dualität mehr gibt, die Existenz der Dualität
wahrnehmen, beispielsweise bei denen, die leiden?

Das Verständnis der Dualität erfolgt auf verschiedenen
Ebenen. Es gibt die Dualität von Subjekt und Objekt, die
Dualität der klaren Trennung und die Dualität der relativen Erscheinungen, das heißt der relativen Welt. Der
Geist eines Buddha ist restlos frei von dualistischen Vorstellungen und Projektionen. Obwohl er gleichfalls frei
ist von der Dualität, die Subjekt und Objekt trennt, ist
seine Wahrnehmung der konventionellen Welt deshalb
nicht verschwunden. Wenn er sich auf die Ebene des
Dualismus einstellt, nimmt er die relative Welt wahr und
erfährt sie. Doch die Art und Weise der erleuchteten
Wahrnehmung ist völlig anders als die von gewöhnlichen
Wesen, wie wir es sind. Wir sehen die Phänomene und
Ereignisse so, als ob sie eine Eigenexistenz hätten, eine
autonome und spezifische Natur. Obgleich ein Buddha
sich von dieser fundamentalen Unwissenheit befreit hat,
erkennt sein allwissender Geist den von Illusion getrübten
Geist der Wesen, die das, was sie wahrnehmen, für die
Wirklichkeit halten.

In der konventionellen Welt gibt es zwei Arten von
Phänomenen, verunreinigte und nicht verunreinigte.
Verunreinigt wird jede Art der Erfahrung genannt, die
von den instinktiven Angewohnheiten der Unwissenheit
und von der Vorstellung der Realität als einer autonomen
und unabhängigen Entität getrübt sind. Fast alle Phänomene der konventionellen Welt werden auf diese Weise
wahrgenommen. Wenn die physische Manifestation
eines Buddha auftritt, gibt es hier als Charakteristikum
des erwachten, allwissenden Geistes keine verunreinigten
Phänomene, und auch in ihrer Ursache ist keinerlei Ver-
unreinigung vorhanden.

Die Frage, ob die Wahrnehmungen der gewöhnlichen Wesen, die bloße Produkte ihres verdunkelten Geistes sind, den Buddhas erscheinen, würde ich verneinen. Ein erwachtes Wesen weiß zwar, daß der Geist der Wesen von trügerischen Wahrnehmungen beeinflußt ist, ist aber selbst frei davon.

Auch die Frage, ob ein Buddha die Erfahrung des Leidens macht, muß mit einem Nein beantwortet werden, da der Zustand der Buddhaschaft die Befreiung vom Leiden ist, das Ende allen Leidens, was aber nicht heißt, daß er unfähig ist, es zu sehen. Er hat das große Mitgefühl realisiert und kann das Leiden der Wesen mitempfinden.

Wie ist es möglich, daß es verschiedene Buddhas gibt, wenn sie doch alle Ursachen und Wirkungen, die zu Samsara oder Nirvana führen, beseitigt haben? Sind sie nicht alle eins?

Der Philosophie des Jainismus nach dringen die Verunreinigungen in die Natur des Geistes ein, und solange das Kontinuum des Geistes andauert, bleiben auch diese Prägungen erhalten. Die Buddhisten antworten darauf, daß die Natur des Geistes ohne Makel ist: Die Verunreinigungen sind unter anderem von den negativen Emotionen bedingt und äußerlich. Das Kontinuum des Geistes kann kein Ende haben, da es keinen Anfang hat. Wenn die Buddhaschaft erlangt ist, besteht das individuelle geistige Kontinuum weiter, weshalb wir von der individuellen Identität eines Buddha sprechen können. Gleichzeitig wird in den Schriften jedoch betont, daß in der Sphäre der Leerheit alle Buddhas «von einem Geschmack» sind. Was so verstanden werden muß, daß sie, was ihre Qualitäten und ihre Weisheit angeht, alle gleich sind. Von dieser Ebene aus gesehen, haben alle Buddhas die gleiche Fähigkeit, den Lebewesen zu helfen. Auf der Ebene der gewöhnlichen Wesen ergeben sich aus der Verschiedenheit des Karma verschiedene karmische Verbindungen. Wir haben übrigens auch eine stärkere karmische Bindung an Buddha Shakyamuni als an den Buddha Kashyapa, der sich in einer weiter zurückliegenden Zeit manifestiert hat.

Welches ist der Unterschied zwischen dem Realisieren der Leerheit und der Erkenntnis der Natur des Geistes?

Die Leerheit, so wie sie in den Sutras und Tantras erklärt wird, ist nicht ganz dasselbe wie die Natur des Geistes. In den Tantras wird letztere sogar dezidiert unterschieden von der Leerheit. Die tibetischen Gelehrten waren sich darüber nicht einig. Für die einen haben Sutras und Tantras die gleiche Sichtweise der Leerheit. Für die anderen gibt es Unterschiede in der subjektiven Erfahrung der Leerheit. Von diesem Standpunkt aus stimmt es, daß die höheren Tantras, was das Erkennen der Natur des Geistes angeht, sich stark von den Sutras unterscheiden.

Kann man denn sagen, daß der Buddha sich in einem ständigen Zustand der Erleuchtung befindet, da doch alles unentwegt in Veränderung begriffen ist?

Verallgemeinert gesagt, weist die Vorstellung der Buddhaschaft auf den Dharmakaya hin. Einer der zahlreichen Aspekte des Dharmakaya ist seine physische Manifestation, der Nirmanakaya. Buddhaschaft, die Erleuchtung, hat beständige und unbeständige Aspekte, sie ist das Ergebnis eines spirituellen Weges, der mit einem Vorgang der Läuterung und Vervollkommnung verbunden ist. Die Aktivitäten eines Buddha werden als ununterbrochen, überall stattfindend, spontan und nie endend bezeichnet, und in diesem Sinn kann man von Beständigkeit sprechen. Das tibetische Wort *lhundrup*, spontan, mit dem manchmal das Klare Licht des Geistes bezeichnet wird, kennzeichnet Buddhaschaft als ursprungslos, anfangslos. Verunreinigungen und Verwirrung können sich im Geist niederschlagen, seine Natur aber bleibt grundsätzlich rein. Dies bedeutet, daß letztlich zwischen Samsara und Nirvana kein Unterschied besteht. Jigma Tenpe Nigma sagt, daß Buddhaschaft ein Zustand ohne Anfang ist, nicht produziert, nicht zusammengesetzt. Damit ist nicht gemeint, daß Buddhaschaft nicht das Produkt von Ursachen und Bedingungen sei, sondern daß ihr Kontinuum unwandelbar und nicht erschaffen und von daher beständig ist, niemals von einem anderen Zustand unterbrochen.

Der Gedanke der Leerheit kann Angst machen, Angst, allein zu sein, da es ja nichts gibt, an das man sich halten könnte, keinen Menschen, den man lieben könnte. Wie kann man diese Angst überwinden und zu einem besseren Verständnis der Leerheit gelangen?

Ich bin sicher, daß Sie Leerheit mit dem Nichts verwechseln. Ich rate Ihnen, die Leerheit von der Interdependenz ausgehend zu verstehen, der gegenseitigen Abhängigkeit der Phänomene. Leer werden die Phänomene genannt, weil sie ohne eigenständige Existenz sind, und abhängig werden sie genannt, weil sie als Ergebnis von Ursachen und Bedingungen bestehen. Die Verwirklichung der Leerheit auf dem Weg über die Interdependenz ist sehr schwierig, aber wenn Sie sich ausführlich mit diesen Gedanken befassen, wird es Ihnen mit Sicherheit gelingen, diese Angst zu überwinden.

Nehmen wir das Beispiel der Meditation über die

Gottheiten. Einer ihrer Aspekte ist das Auflösen aller Phänomene in Leerheit, und es kommt vor, daß man in diesem Stadium der Praxis, wenn alle Erscheinungen in einer Art Nichts verschwinden, das Gefühl der Verlassenheit empfindet. Ich frage mich, ob Ihre Angst aus der Visualisation der Gottheit herrührt oder aus der Meditation über die Leerheit. Dies herauszufinden ist wichtig, um den Ursprung Ihrer Angst feststellen zu können.

Tritt sie während Ihrer Meditation über die Leerheit auf, dann hat sie zwei Seiten. Die eine gleicht einem Schock, als hätte man Ihnen einen unerwarteten Schlag versetzt. Diese gewisse Panik ist vollkommen verständlich und natürlich, beinahe erwartet. Warum? Weil bisher, bis zu dieser Erfahrung, Ihre Vorstellung des Seienden fest und solide war; Sie haben die Phänomene für unabhängig und eigenständig existierend gehalten. Durch das richtige Verständnis der Leerheit wird diese Angst sich auflösen. Wenn dies nicht geschieht, kann die andere Seite der Angst auftreten, die mit einem falschen Verständnis der Leerheit zu tun hat, das dem Nihilismus gleichkommt, ein Gefühl, daß nichts existiert, nichts wichtig ist.

Wie kann man den Alltag leben in einer Welt, die keine Existenz hat, da selbst das Ziel, Buddhaschaft, nicht existiert? Warum also den spirituellen Weg gehen? Was ist der Sinn des Lebens?

Bei meinem letzten Besuch in England, wo ich eine Reihe von Unterweisungen gegeben habe, wurde mir folgende Frage gestellt: Wenn die Phänomene und Ereignisse keine Existenz und keine wirkliche Identität haben, ist es doch praktisch nicht möglich, überhaupt von Identität als solcher zu sprechen. Was kann man tun, um darüber eine

sichere Aussage zu machen? Ich sagte mir, daß der Frage-
steller sich wirklich sehr tiefe Gedanken gemacht haben
mußte, denn seine Frage berührte den schwierigsten
Punkt der Madhyamika-Philosophie. Wenn diese philosophische Denkrichtung Worte wie «bloßer Name» oder
«bloßer Begriff» benutzt, soll damit nicht behauptet werden, daß es nur Namen, nur Begriffe gibt. Mit dem Wort
«bloß» wird nicht die Realität der Phänomene, ihre von
ihrer Benennung getrennte Bestehensweise in Abrede
gestellt. Wenn ein Phänomen, das Produkt, in Abhängigkeit entstanden ist, muß es auch da sein. Von der Leerheit
eines Phänomens zu sprechen heißt, von seinem letztendlichen Wesen zu sprechen. Damit dieses erkannt werden
kann, muß das Phänomen existieren! Wenn wir jedoch
nach dem suchen, was sich hinter seinem Namen, hinter
dem Begriff verbirgt, finden wir nichts. Das gesuchte
Objekt ist unauffindbar. Aus diesem Grund kann seine
Bestehensweise nur als eine relative, nominale und konventionelle betrachtet werden und nicht als eine letztgül-
tige, absolute.

Den Unterschied zwischen diesen beiden erkennen
zu können, wird nur durch Erfahrung möglich, durch
Erweiterung unseres intellektuellen Verständnisses der
Leerheit. Der Kernpunkt ist, sie auseinanderzuhalten. Bis
jetzt erscheinen uns die Phänomene so, als wären sie
substantiell und konkret, als hätten sie eine objektive
Realität, was im Widerspruch zu einer anderen Realität
steht, nämlich dem Nichtvorhandensein einer unabhängigen Existenz. In dem Maße, wie sich unser Verständnis
der Leerheit verfeinert, sind wir dann mehr und mehr in
der Lage, uns von der Vorstellung einer eigenständigen
Existenz der Dinge zu lösen. Die Dualität zwischen
«mein» und «dein», zwischen Samsara und Nirvana, all
diese Gegensätze, die wir errichten, beweisen, daß wir sie

für objektiv und eigenständig existierend halten. Diese Vorstellung von einer Existenz an sich muß während der Meditation über die Leerheit aufgegeben werden.

Sie haben gesagt, der menschliche Geist könne sich nicht selbst prüfen, so wie das Messer sich nicht selbst zerschneiden kann. Die Erfahrung zeigt aber, daß der Geist ebensogut, wie er imstande ist, ein äußeres Objekt zu prüfen, sich selbst verstehen kann. Der Geist kann versuchen, sich zu erkennen, seine Qualitäten und sein Wesen. Unser Geist konstatiert zum Beispiel, daß er immateriell ist, daß er mit Bewußtsein begabt ist, daß er in gleicher Weise darauf gerichtet ist, zu verstehen und zu erkennen, wie das Auge sehen will und die Hand berührt. Der Vergleich mit dem Messer ist nicht stimmig, weil das Messer ein Objekt ist, das nicht auf sich selbst einwirken kann. Die Hand hingegen kann sich selbst berühren und auf diese Weise ihre Form erfassen. Was denken Sie darüber?

Wir sprechen hier über verschiedene Arten des Geistes. Man kann sehr wohl in der Meditation der Geistigen Ruhe den Geist zum Gegenstand der Konzentration machen, und der Geist kann sich auch selbst beobachten. Das Selbsterkenntnisvermögen des Geistes hingegen ist etwas anderes. Es handelt sich hier um eine andere Kategorie, der alle philosophischen Schulrichtungen des Buddhismus Rechnung tragen. In seinem Kommentar zum neunten Kapitel des *Bodhisattvacharyavatara* weist Yeshe Nyingpo die Vorstellung des *svasamvedam*, des Selbsterkenntnisvermögens des Geistes, zurück und zeigt die Trennung, die gemacht werden muß, klar auf. Die Vertreter der *Svasamvedam*-Vorstellung unterteilen den Geist in zwei fundamentale Kategorien. Die eine konzentriet sich auf die äußeren Objekte, die andere ist die Fähigkeit der Selbsterkenntnis, sie ist nichtdualistisch und kann keinerlei äußere Objekte wahrnehmen. Von Shantideva wird diese Möglichkeit verneint, nicht aber das Vermögen des Geistes, einen anderen Geist zu erkennen oder den eigenen Geist zu beobachten.

Ist der Geist ein Teil des Körpers? Ist er auf einen Körper angewiesen? Ist er der Ausdruck eines größeren, universelleren Körpers, ähnlich dem Dharmakaya, dem dritten Körper eines Buddha?

Man muß hier zwischen den groben und subtilen Ebenen des Körpers unterscheiden. Der subtile Körper kann nie vom Geist getrennt werden und ist wie dieser ohne Anfang und ohne Ende. Er ist es, der zur Buddhaschaft gelangt. Mit der groben Ebene des Körpers sind die groben Bewußtseinsarten verbunden, die zusammen mit dem Körper im Tod vergehen.

Sie haben gesagt, daß man, um das Leiden zu beenden, die Aggregate erschöpfen muß, aus denen sich Körper und Geist aufbauen. Bedeutet dies, daß man seine menschliche Form und die der anderen auflösen muß?

Für das Einzelwesen gilt, daß die Läuterung der Aggregate zum Ende des samsarischen Daseinskreislaufs führt. Doch allgemein gesprochen hat Samsara kein Ende. In den sechzehn Klassifizierungen der Leerheit wird gezeigt, daß die Leerheit des Samsara weder Anfang noch Ende hat. Wir müssen uns also keine Sorgen machen um ein bevorstehendes Ende der Welt!

Jedes Wesen besitzt die Buddha-Natur. Die Frage ist nur, ob wir, die wir im Besitz dieses Potentials sind, fähig sind, das Vollkommene Erwachen zu erlangen. Da wir diese Möglichkeit besitzen, die Zahl der Wesen aber unendlich ist, ist ein definitives Ende von Samsara in seiner Gesamtheit tatsächlich nicht vorstellbar.

Sie sagen, der Geist hätte eine angeborene reine und leuchtende Natur. Wie kommt es, daß wir sie zu keinem Zeitpunkt unseres Lebens spontan erfahren?

Aber wir können sie erfahren! Die Neue Schule der Übersetzung erläutert, daß die Natur des Geistes, das heißt das subtile Klare Licht, solange nicht in Erscheinung tritt und wirksam wird, solange die groben Ebenen des Geistes, wie die Sinneswahrnehmungen und das begriffliche Denken, aktiv sind. Sie bleibt latent, in nichtmanifester Form.

Im Dzogchen gibt es eine Technik, die das Erkennen von *rigpa*, dem reinen Gewahrsein, ermöglicht, ohne daß die groben Geisteszustände aufgelöst werden müssen. Wie das Öl das ganze Sesamkorn durchtränkt, durchdringt das Klare Licht alles, was der Geist erfährt. Aus diesem Grund ist es möglich, die Erfahrung dieses ursprünglichen reinen Gewahrseins zu machen, auch wenn die Sinnes- und Denkvorgänge noch nicht zu einem völligen Ende gekommen sind. Diese Erfahrung ist jedoch eine innere, es ist weder möglich, die Natur des Geistes mit den Augen zu sehen, noch sie mit Worten verständlich zu machen.

Weshalb wir dies nicht spontan erfahren können? Weil die Natur des Geistes sehr subtil ist. Sie wissen zwar, daß Leerheit die letztendliche Natur des Geistes ist, aber nur durch Analyse und Erfahrung gelangen Sie dazu, dessen gewahr zu werden. Meine Antwort auf die Frage, warum man keine spontane Erfahrung haben kann, lautet also, daß dies völlig natürlich und in der Ordnung der Dinge ist.

Widerspräche es nicht dem Gesetz der Evolution, nach einem Leben als Mensch im Körper eines Tieres wiedergeboren zu werden?

Der Gedanke, daß ein Mensch als Tier wiedergeboren wird, hat nichts mit dem Begriff der Evolution zu tun. Er steht mit ganz anderen Aspekten in Zusammenhang, die den Geist betreffen und seine Möglichkeit, sich in anderen Formen des Lebens zu manifestieren.

Kann ein Wesen, das in einem niederen Daseinsbereich wiedergeboren wurde, dort das für eine Wiedergeburt als Mensch nötige positive Karma ansammeln?

Im allgemeinen ist dies schwierig, doch als Folge gewisser Umstände können sich positive karmische Potentiale, die in früheren Leben geschaffen wurden, aktivieren und zu einer günstigeren Wiedergeburt führen.

Beruht im Buddhismus alles ausschließlich auf den Gesetzen der Interdependenz der Phänomene und des Karma oder hat auch der Zufall seinen Platz?

Obwohl wir im täglichen Leben immer wieder Formulierungen benutzen wie «Glück gehabt», «Pech gehabt», müssen wir unsere Alltagserfahrungen mit dem Gesetz des Karma in Verbindung bringen. Wir behaupten, daß uns etwas durch puren Zufall geschieht – als ob etwas ohne erkennbaren Grund aus dem Nichts auftauchen würde. Es sind so viele verschiedene Faktoren an den Ursachen und Bedingungen für einen Vorgang beteiligt, daß es schwer ist, den jeweiligen Grund zu erkennen. Wenn wir im Bereich des Karma bleiben, neige ich zu folgender Erklärung: Wenn Ereignisse in uns angenehme bzw. unangenehme Empfindungen hervorrufen, ist dies die Manifestation von Karma. Die Lebewesen und ihre Umwelt sind miteinander verbunden und diese Verbindung ist karmischer Art. Ich glaube jedoch nicht, daß die Evolution sich mit dem Karma erklären läßt, der Evolutionsprozeß wird nicht vom Karma stimuliert.

Das tantrische philosophische System des Kalachakra beschreibt Teilchen, in denen die gesamte Materie verdichtet ist, als den Urstoff des physischen Universums. Diese Teilchen sind der ausschlaggebende Faktor für alle physischen Manifestationen. Obwohl alle Teilchen von gleicher Natur sind, haben sie doch untereinander die verschiedensten Reaktionen, aus denen die belebten sowie die unbelebten Objekte entstehen. Übrigens ist auch die Macht der Buddhas und die Leerheit der Phänomene kein Produkt des Karma. Auch daß es Lebewesen gibt, die Freude und Schmerz empfinden können, hat nichts mit dem Karma zu tun.

Die Frage, wann das Karma und wann die Eigengesetzlichkeit der Natur zur Geltung kommt, ist ein sehr interessantes Gebiet. Diese Tulpe zum Beispiel, die Tatsache, daß sie hier vor mir steht, ist mit Karma zu erklären. Während ihr Wasserverbrauch oder ihr Lichtbedürfnis rein chemische Vorgänge sind, die nichts Karmisches an sich haben.

Könnten Sie dieses Beispiel etwas näher erläutern?

Daß eine Blume als Folge von chemischen Reaktionen wächst, ist ein Naturgesetz, bei dem das Karma keine Rolle spielt. Es handelt sich einfach um ein Kausalgesetz, um das Gesetz von Ursache und Wirkung, das man nicht völlig dem Prinzip des Karma unterordnen kann. Das Prinzip des Karma ist gewissermaßen ein Teil dieses viel weiter gespannten Kausalgesetzes und kann nur innerhalb von diesem operieren.

Nehmen wir einen Baum als Beispiel, mit Tausenden von hellgrünen Blättern. Diese nehmen im Herbst verschiedene Rottöne an. Woher kommt es, daß einige Blätter grüner sind als andere? Woher kommen die verschiedenen Rottöne? Wenn sie fallen, fliegen einige Blätter davon, andere fallen direkt neben den Stamm und auf keinen Fall fallen alle gleichzeitig ab. Ich wüßte nicht, in welcher Weise das Karma diesen natürlichen Vorgang bedingen sollte, wie das Karma dafür verantwortlich sein sollte, daß einige Blätter nach Süden, die anderen nach Osten fliegen! Doch daß die unsichtbaren, winzigen Tierchen, die in den Blättern leben, zusammen mit diesen niederfallen und dadurch ihre Bleibe verlieren, ist, wie ich glaube, karmisch bedingt. Ich habe jedoch keine endgültige Meinung über diesen Punkt.

Aber wie dem auch sei, fest steht, daß das Gesetz von Ursache und Wirkung ein natürliches Prinzip ist und weder von einem Buddha hervorgebracht noch durch Gebete oder Karma erzeugt ist. Auf dieser Grundlage des Kausalgesetzes können dann die karmische Mechanik und alle anderen Gesetzlichkeiten operieren, es können Wechselwirkungen zwischen den karmischen Ursachen und Wirkungen stattfinden und bestimmte Ereignisse andere Ereignisse auslösen, die ihrerseits wieder neue produzieren und so fort. Auch die Wechselwirkung verschiedener Substanzen untereinander kann Prozesse einleiten, andere Potentiale schaffen. Wenn man die verschiedenen Gesetze versteht, die in der Welt der Phänomene herrschen, entdeckt man eine gewisse Logik in ihnen und wird fähig zu erkennen, auf welche Weise eine bestimmte Ursache eine bestimmte Wirkung erzeugt.